Götz von Berlichingen

Lebensbeschreibung der Herirn Gözens von Berlichingen

Götz von Berlichingen

Lebensbeschreibung der Herirn Gözens von Berlichingen

ISBN/EAN: 9783743617391

Hergestellt in Europa, USA, Kanada, Australien, Japan

Cover: Foto ©ninafisch / pixelio.de

Manufactured and distributed by brebook publishing software
(www.brebook.com)

Götz von Berlichingen

Lebensbeschreibung der Herirn Gözens von Berlichingen

Lebens-Beschreibung

des Herrn

Gözens von Berlichingen.

Abdruck der Original-Ausgabe von Steigerwald.
Nürnberg 1731.

Halle,

Max Niemeyer.

1886.

der berühmten materialen Punkten erläutern, zumal die
Verse von Zeit zu zum ruhigen lassen u .. L W mit
rücksichten Erwärmung geschehen, wird u diesen Anmerkungen
zu berücksichtigen angezogen . Je unseren vorliegenden Schrift
sind . diese lässt sein überflüssigen Note als unwesentlich
fortgelassen worden .. zu jungen entweder sprachliche oder
naturgetreue, nebenan aber progranmische Erläuterungen.
zwar persönliche, moralisirende Bemerkungen sind nicht
ausgeschlossen . In der Charakter derselben zu kommentieren, mögen einige Beispiele hier ihren Platz finden.

Anm. 6 zu S. 2 unseres Abdrucks. Diese scheinet
superciliöse zu Sonderum und mit irgendwann vor einer Seite
Sonnen, die Sonnenuhren genannt, haben und zu Jarmax
exercitationis. Tag mit zu Stück entfernt, ir mit wendet als
dass den zu Zeit entfernt.

Anm. 10 zu S. 10 dass man enumerate in die Studium
um Triebe in zum propriis indicet muss und intricatissimum
zu verfinnen, dass man enumerate in die Dennain eingetheilten
Sectionen zu Schattirtes zum zu die dann dazu gemalt, der
Sexcaput muss zu man zu zu zur einer büttenscher Statthalter
von Summery zu.

Anm. 11 zu S. 20 Eintragen. Bei reiner Eintragung
welches von einem von alters also genauen Eintragung zu kein
mit Sein alin der Kaliner entfangen.

Anm. 270 zu S. 51 mit zu Sinn Dieses Sinn ist um
bekannt, ich von seiner Ehe einer Sinn, oder mit einem Ehe.

Anm. 320 zu S. 70 Tag ritter, d. e. ist auf einer gewissen
Tag entlagen, perfönlicher Arrest halten, ir lang ril man
Satisfaction gegeben.

Anm. 114 zu S. 25 Das bei zu Jugend getban, dass unser
herr von der Seitwunger ist mit diesem After eingetheten.
Ze war wenig Ernst zu ertagen, indem es hernach: Quod si cum
stertore certo, aut vinco, aut vincor, semper ego maculor.

---

*) Dass Goethe ausser diesen Hauptquellen auch noch
andere Schriften namentlich Burtons Bücher, zur Belebung
seiner poetischen Darstellung benutzte, wies zuerst über-
zeugend nach W. Windmann in der Festschrift des Berlin.
Gymn. z. gr. Kloster (Berlin 1871), S. 220 ff.

Anm. 206 (zu S. 42 GOtt wolte es dann sonderlich nit gehabt haben) Hier hat der Herr von Berlichingen es recht getroffen, GOtt regieret und erhält alles, Er ist über alle Rathschläge, und wachet sonderheitlich vor die Fürsten.

Anm. 330 (zu S. 70 schmiert ihne ein wenig übern Kopff) Das war vor einen dritten, und Unschuldigen, zu viel.

Anm. 4 zum Bauren-Krieg (zu S. 85 Weinsperg) Hier ist mit der Erst Dietrich von Wehler, als er vom Kirch=Thurn herab mit denen Bauren gütlich gesprochen, erschossen, und hernach herunter geworffen worden. Dann führten die Bauren Herrn Grafen Ludwig von Helffenstein nebst 13. von Adel, unter welchen 2. Sturmfeder, Rudolph Nagel von Eltershofen, Pleickard von Rüxingen, und ein Späth gewesen, und vielen andern, zusammen bey 80. Personen auf einen Acker gegen Heylbronn, machten da einen Creyß, und jagten sie alle zusammen erbärmlich durch die Spieß. Ohngeachtet sein des Grafens Gemahlin, Kaysers Maximiliani I. natürliche Tochter, nebst einem kleinen Kind auf dem Arm denen Bauren zu Fuß fiele, und ganz erbärmlicher Weiß, mit vielen Weinen und Klagen um des Grafens Leben bate, und daß sie solchen dem Kindlein schencken mögten, sie anflehete.

Man erinnert sich dabei unwillkürlich an die leidenschaftliche Schilderung der Szenen aus dem Bauernkriege, wie sie besonders der erste Entwurf des Dichters zeigt.

Steigerwalds Ausgabe, in Gross-Oktav, mit guter Ausstattung an Typen und Papier, zeigt vor dem Titelblatt das in Kupfer gestochene Grabdenkmal des Ritters nach dem im Kloster Schönthal befindlichen Original. Einer Widmung folgt die Vorrede, in welcher angegeben wird, dass für den Text 'drei gehabte Abschriften gegeneinander gehalten und collationiret' seien; die Anmerkungen unter dem Text hätten namentlich im Auge, den fränkischen jungen Herrn von Adel zu dienen, 'denen etwa dieses Buch in die Hände kommen dürfte, und zu ihrer Aufmunterung zu dem so nützlichen Studio geographico'. Angehängt sind folgende Beilagen : 1.) Erste Urfehde Gözens, geleistet an die Stände des schwäbischen Bundes (1522). 2.) Zweite Urfehde an dieselben (1530). 3.) Gözens Bei-Brief dazu von 1531. 4.) Vertrags-Brief des Kurfürsten von Mainz mit G. v. B.

Aus der schwülen Luft krankhafter Überreiztheit, welche ihn in dem Klettenbergschen Kreise umgeben, trat Goethe mit dem Frühling des Jahres 1770 zu Strassburg in die erfrischende Atmosphäre des freien akademischen Lebens, wie es sich vornehmlich in der Salzmannschen Tischgesellschaft vielseitig kund that und auf den Streifzügen durch Berg und Thal die Phantasie mächtig anregte. Seine kräftige Natur fand unter den Einwirkungen dieses gewaltsamen Gegensatzes ihre körperliche und geistige Gesundheit wieder. Kein Wunder also, dass ihn inmitten trockener juristischer Studien die urwüchsige Kerngestalt eines Götz von Berlichingen unwiderstehlich anzog. Desselben Lebensbeschreibung, so berichtet Goethe in 'Dichtung und Wahrheit', hatte ihn im Innersten ergriffen. Die Gestalt eines rohen, wohlmeinenden Selbsthelfers in wilder, anarchischer Zeit erregte seinen tiefsten Anteil. Und so entstand die Idee zu einem Werke, in welchem der kraftgenialische Zug der Zeit seinen treuesten, vielbewunderten und vielbekrittelten Ausdruck gefunden.

Der Zufall spielte hier, wie so häufig, bei der Entdeckung des Stoffes die wichtigste Rolle. Unter den Quellen, denen ihn das Geschichts- und Rechtsstudium des späteren Mittelalters zuführte, befand sich auch das Buch, dessen Text wir im vorliegenden Hefte zum wortgetreuen Abdruck bringen, und dessen vollständiger Titel lautet:

Lebens-Beschreibung | Herrn | Gözens | von | Berlichingen, | zugenannt mit der Eisern Hand, | Eines zu Zeiten Kaysers Maximiliani I. | und Caroli V. kühnen und tapfern | Reichs-Cavaliers, | Worinnen derselbe 1.) alle seine von Jugend auf | gehabte Fehden, und im Krieg ausgeübte That-Hand- | lungen, 2.) seine in dem Bauern-

Krieg A. 1525. wiederwillig ge= | leiftete Dienfte, und
bann 3.) einige andere, aufferhalb dem Krieg, | und denen
Fehden, gethane Ritter=Dienfte aufrichtig | erzehlet, und
dabey feine erlebte Fatali- | täten mit anführet. | Mit
verfchiedenen Anmerckungen erläutert, | und | Mit einem
vollftändigen Indice verfehen, zum Druck beförbert, | von
| Verono Franck von Steigerwald | welchem | Zu noch
mehrerer Illuftrirung eine Differtation de Diffida- |
tionibus & Faidis, beygefügt fich befindet, | von | Wil=
helm Friedrich Piftorius, | Hohenloh=Weickersheimifchen
Hof=Rath. | Nürnberg, verlegts Adam Jonathan Felff=
ecker. 1731.

Götz von Berlichingen, Spross eines der ältesten
reichsritterschaftlichen Geschlechter in Franken, wurde ge-
boren zu Jagsthausen im Jahre 1480. Sein Vater Kilian
war dreimal verheiratet gewesen; aus der letzten dieser
Ehen stammte Götz ab. Dieser vermählte sich zum ersten
Male mit Dorothea von Sachsenheim, dann mit Dorothea
Gailing von Illesheim; seine Nachkommenschaft bestand aus
drei Töchtern und sieben Söhnen. Nach einem bewegten
Leben in bewegter Zeit benutzte er die unfreiwillige Musse,
welche ihm eine geschworene Urfehde bot, um auf seiner
Burg Hornberg (angekauft 1517 von Konrad Schott) im
vorgerückten Alter seine Selbstbiographie zu schreiben.
Er starb ebendaselbst am 23. Juli 1562, und liegt im Kloster
Schönthal begraben. Von der Biographie giebt es sechs
Handschriften, unter welchen diejenige des Archivs zu
Rossach die älteste und wertvollste zu sein scheint, weil
sie in Götzens eigenem Besitz sich befunden.

Der treuherzige, ungeschminkte Bericht des Ritters
über sein Leben muss schon frühzeitig viel Liebhaber
gefunden haben, namentlich unter dem deutschen Adel, wo-
raus sich die handschriftliche Vervielfältigung erklärt; durch
Steigerwald ward das Werk zum ersten Male in Druck
gegeben. Nach mehr als vierzig Jahren seit dem Erscheinen
desselben entdeckte in diesem Bericht das künstlerische
Auge eines Goethe die gediegene Goldader einer wertvollen
poetischen Fabel. In zahlreichen Anmerkungen und Verwei-
sungen hatte auch für ihn der Herausgeber das Verständnis

schreibung' angefertigt ist: ein den Anforderungen strenger Kritik wenig entsprechendes Verfahren. Ausserdem enthält das voluminöse, mit grossen Kosten hergestellte Werk, wie es im Vorwort heisst, 'eine Sammlung von allem was auf Götz Bezug hat'; auch die zuerst von Mechel (Berlin, Decker, 1815) veröffentlichte Abbildung der eisernen Hand nebst einer Erklärung ihres Mechanismus fehlt nicht. Das Ganze ist ein schönes, pietätvolles Denkmal, welches die noch jetzt blühende Nachkommenschaft des Ritters ihrem berühmten Ahnen gesetzt.

Mit Zugrundelegung der alten Biographie, aber in durchaus moderner Behandlungsweise, erschienen noch folgende Darstellungen vom Leben des Ritters:

Ritter Göz von Berlichingen mit der eisernen Hand; für Freunde der altdeutschen Geschichte von Karl Lang. Heilbronn und Rothenburg a. d. T. 1825. — Zuerst abgedruckt in dem histor. Almanach f. d. dtsch. Adel. Frankf. a. M. 1793—94.

Historie vom Ritter Göß von Berlichingen mit der eisernen Hand, herausgeg. von Döring. Leipzig 1846. — Eine kurze, populäre Bearbeitung.

Ritter Göß von Berlichingen mit der eisernen Hand, aufs Neue für das Volk erzählt, nach des Ritters eigener Lebensbeschreibung sowie andern glaubhaften Nachrichten, von Ottmar F. H. Schönhuth. Mit Bildern. Reutlingen 1844.

Zum vorliegenden Textabdruck bleibt nur noch zu bemerken, dass überall eine in Klammern beigefügte zweite Lesart von Steigerwald selbst herrührt und als Konjektur oder Worterklärung des Herausgebers zu betrachten ist. Ferner sind von mir ausser ein paar leichten Verbesserungen der Interpunktion folgende Druck- und Lesefehler der Original-Ausgabe berichtigt worden:

Seite 1 Z. 4 eingetheilet st. eingeheilet. — S. 21 Z. 12 herab erstach st. heraber stach. — S. 23 Z. 3 v. u. Bruder st. Brudtr. — S. 26 Z. 3 v. u. den Pfeil st. dem Pfeil. — S. 29 Z. 18 einen Menschen st. einem Menschen. — S. 33 Z. 5 v. u. wäre st. ware. — S. 35 Z. 11 v. u. Sickingen st. Sicklingen. — S. 62 Z. 9 v. u. in dem Handel st. den. — S. 62 Z. 2 v u. so mir, wie gemeldt st. so mir gemeldt.

— S. 66 Z. 9 wurb st. wirb. Z. 19 allem st. allen. — S. 67 Z. 15 in Summa st. im Summa. — S. 69 Z. 14 mit dem Buben st. den. Z. 18 den st. dann. Z. 10 v. u. meinen st. meinem. — S. 70 Z. 10 ziehe st. zeihe. Z. 10 v. u. den Gefangenen st. dem. — S. 74 Z. 4 v. u. ihr sein st. ihrßen. — S. 75 Z. 17 mit dem Gefangenen st. den. — S. 76 Z. 7 einem st. einen. Z. 16 ihren st. ihrem. — S. 78 Z. 15 v. u. etlichen st. etliche. — S. 81 Z. 19 und hetten mir st. wir. Z. 1 v. u. demselbigen st. denselbigen. — S. 84 Z. 11 v. u. Gau st. Gab. — S. 86 Z. 3 u. Z. 1. v. u. Berlingen st. Bernlingen. — S. 98 Z. 13 v. u. ob dem Thurn st. den. — S. 99 Z. 2 mit einem Pfenning st. einen. — S. 102 Z. 9 v. u. mit seinen Reutern st. seinem. — S. 107 Z. 3 v. u. den Spott zu Schaden st. dem. — S. 108 Z. 3 v. u. solte st. solten. — S. 110 Z. 19 einem armen Menschen st. einen.

Schliesslich bitte ich, im ersten Bogen dieses Abdrucks folgende Änderungen und Zusätze anzubringen, welche wegen Vollendung des Druckes nicht mehr möglich waren: S. 8 Z. 6 schlug er ihn ernieder, also, daß wir daselbsten verziehen musten, biß das Wetter 2c. — Z. 9 v. u. hätten st. hatten. — S. 14 Z. 5 dann st. denn.

Tegel bei Berlin, 6. Aug. 1866.

Alexander Bieling.

(1516). 5.) Extrakt aus dem Korbischen Zeugen-Protokoll, betreffend die im Bauernkriege verübten Grausamkeiten. 6.) Ein Brief Götzens an seinen Vetter Stephan von Adelsheim vom Jahre 1525, betreffend einen dem Phil. v. Sickingen im Bauernkriege zugefügten Schaden. 7.) Nachricht von einer Fehde Götzens wider die Welser von Augsburg 1513. 8.) Historische Nachrichten über Fehden und Diffidationen von Pistorius. 9.) Namen-, Orts- und Sachregister. — Für unsere Zwecke konnte natürlich die Frage nicht aufgeworfen werden, ob diese Ausgabe oder eine spätere den kritisch wertvolleren Text enthalte: genug, dass Goethe nur diese Version hat benutzen können. Doch bleibt es bemerkenswert, dass der Graf Götz von Berlichingen-Rossach, dessen Sammelwerk später zu erwähnen ist, und dem sechs Handschriften zur Verfügung standen, dem ersten Herausgeber das Zeugnis der Treue und Gewissenhaftigkeit ausstellt. Übrigens ist keins der noch vorhandenen Manuskripte von dem Ritter selbst eigenhändig verfasst: er diktierte meist oder setzte nur auf und liess dann ins Reine schreiben. Später mochte wohl jeder der zahlreichen Zweige vom Geschlechte derer von Berlichingen es sich zur Ehre anrechnen, wenigstens eine Abschrift der Biographie in seinem Archiv zu bewahren.

Bereits zwei Jahre nach dem Erscheinen von Goethes Götz wurde eine neue Auflage der Steigerwaldschen Ausgabe nötig. Sie erschien unter dem Titel:

Lebensbeschreibung Herrn Goetzens von Berlichingen zugenannt mit der eisern Hand mit verschiedenen Anmerkungen erläutert. Zweyte verbesserte Auflage. Nürnberg. In der Felßeckerischen Buchhandlung. 1775. — Die Noten sind bedeutend vermindert und abgekürzt; der Text ist mit allen, selbst den sinnentstellenden Druckfehlern mechanisch wiederholt. Von späteren Ausgaben der Lebensbeschreibung sind mir folgende bekannt geworden.

Des Ritters Götz von Berlichingen mit der eisernen Hand eigene Lebensbeschreibung. Herausgegeben von Joh. Gust. Büsching und Friedr. Heinr. v. d. Hagen. Dritte veränderte Auflage. Breslau 1813. — Mit einem patriotischen, an die Schlacht bei Leipzig anknüpfenden Vorwort, welches auch angiebt, dass 'die Sprache erneuert' sei. Die Ausgabe nennt sich eine dritte im Hinblick auf die beiden vorhergehenden Steigerwalds.

Ritterliche Thaten Götz von Berlichingens mit der eisernen Hand. Neuerlich aus den verglichenen Handschriften gezogen und lesbar gemacht von M. A. Geffert. Pforzheim 1843. — Unkritisch, nur mundgerecht gemacht für das grosse Publicum, ohne nachweisbare Benutzung von Handschriften.

Gottfrieds von Berlichingen Ritterliche Thaten. Mit dem Vorworte eines Ungenannten und ergänzenden Einleitungen herausgegeben von Karl Riebel. Leipzig 1843. — Vorwort wie Text ('grösstenteils mit den Worten des Ritters selbst') verfolgen den Zweck, das mittelalterliche Rittertum in möglichst unglünstigem Lichte erscheinen zu lassen.

Gottfrieds von Berlichingen ritterliche Thaten. Ein deutscher Volksroman. Herausgegeben von Karl Riebel. Leipzig 1844. — Ist vermutlich gleichlautend mit dem Vorigen; gesehen habe ich diese Ausgabe nicht.

Leben, Fehden und Handlungen des Ritters Götz von Berlichingen, zubenannt mit der eisernen Hand, durch ihn selbst beschrieben. Nach der alten Handschrift, nebst einigen noch ungedruckten Briefen des Ritters herausgegeben von Ottmar F. H. Schönhuth, Pfarrer zu Edelfingen. Mergentheim 1858. — Abdruck der Stuttgarder Handschrift, mit deren Kapitel-Überschriften und all ihren orthographischen wie sprachlichen Ungeheuerlichkeiten.

Dasselbe. Mit Zugrundelegung der Stuttgarter Handschrift und Vergleichung der vier noch vorhandenen, herausgegeben von Ottmar F. H. Schönhuth, Pfarrer zu Edelfingen. Zweite Aufl. Heilbronn 1858.

Zeitschrift des histor. Vereins f. d. wirtembergische Franken, Band 4 Seite 370 ff. — Ein wortgetreuer Abdruck vom Text der letztgenannten Ausgabe.

Geschichte des Ritters Götz von Berlichingen mit der eisernen Hand und seiner Familie. Nach Urkunden zusammengestellt und herausgegeben von Friedr. Wolfgang Götz Graf von Berlichingen-Rossach. Mit 10 lithographirten Tafeln. Leipzig 1861. — Der Text der Biographie folgt der Neuenstettener Handschrift, weil diese 'in niedlicher Schrift mit consequenter Recht-

Eintheilung.

Es hat Herr Göz von Berlichingen seine Geschichts=Erzehlung in drey Haupt=Theile eingetheilet.

I.

Der Erste enthält in sich allerhand Fehden und Kriegs=Händel, so derselbe von Jugend auf gehabt.

II.

Der Andere den famosen Bauern=Krieg, in welchen Er von denen Bauern mit eingeflochten worden, und

III.

Einige andere Actiones und Reiter=Dienste, so Er ausserhalb denen Fehden gehabt.

Anrede
an
HERRN
Hannßen Hoffmann,
Burgermeifter zu Heylbronn,
und
Stephan Feyerabend,
der Rechten Licentiatum und
Syndicum dafelbft.

Göz von Berlichingen mit der eifern Hand,
Infonders liebe Herren, gute Gönner und Freunde!
Es haben vor euch viel andere meine gute Herren
und Freunde vor etlich viel Jahren an mich begehrt, daß
ich meinen Erben, Kindern und Nachkommen zu Ehren
und Gutem, was ich mein Tag als ein junger Ritter=
Mann von Adel und ein armer Reiters=Mann im Krieg,
Fehden und Handeln bey der Röm. Kayferlichen Majeft.
auch Chur=Fürften und andern von mir felbs und andern
guten Herren und Freunden wegen, in ihren und meinen
eigenen Sachen, Kriegen und Fehden (die ich lange Zeit
gegen hohe und niedere Stände geführet) befchreiben und
in die Feder kommen laffen folt, wie ihr beebe dann nun=
mehro auch gleichfalls begehret an mich; Darauf ich mich
dann bedacht, daß ich (fo viel mir der allmächtige GOTT
Gnade gibt) euch, mir, meinen Erben und Nachkommen,
auch andern meinen guten Herren und Freunden zu Ehren
und Gefallen, eurem Begehren ftatt thun, und meine
Sachen und Händel, fo ich jeztberührter maffen gehabt,
fo viel mir deren noch bewußt, auf das kürzefte zufammen
ziehen und in Schrifften verfaffen wollen, wie ich dann
diefe Zeit hero gethan, und folches nach meinem beften

1*

Verstand, nachfolgender massen begriffen, doch mit nichten
der Meynung, einigen Ruhm oder grossen Nahmen damit
zu suchen oder zu erlangen, sondern allein um der Ur=
sachen willen, das mich angelangt, weil etliche meiner Miß=
gönner etwan aus Neid und Haß, oder vielleicht aus Un=
wissenheit, gerne meine Handlung, die ich mein Tag ge=
führt, zum ärgsten und übelsten auslegen wolten, denen
ich dann hierinnen zu begegnen, und den wahren Grund
an den Tag zu bringen fürgenommen, wie ich dann hier=
innen nichts anders schreiben oder anzeigen will, als wie
sich in Wahrheit alle Sachen und Handlungen von Kind=
heit uff mit mir verloffen, der getrösteten Zuversicht, es
werde niemand ein Mißfallen daran haben, sondern mein
Vorhaben, Gemüth und Meynung im besten verstehen und
aufnehmen; das will ich hingegen wiederum um einen
jeden freundlichen Fleisses beschulden und verdienen.

Erstlich hab ich wol etwa von meinem Vatter und Mutter seel. auch meinen Brüdern und Schwestern (die älter waren dann ich) und auch von alten Knechten und Mägden, so bey ihnen gedienet, vielmahls gehört, daß ich ein wunderbahrlicher junger Knab gewesen, und mich dermassen in meiner Kindheit erzeiget und gehalten, daß männiglich daraus gespühret und abgenommen, daß ich zu einem Kriegs= oder Reiters=Mann gerathen würde, aus vielen Ursachen, die alhier zu erzehlen zu lang und unvonnöthen, welches ich dann für meine Person nicht gewust hätte, wann es mir nicht erzehltermassen seither gesagt und angezeiget wäre worden, das weiß ich aber wol, daß ich mein Mutter seel. vielmahl gebetten, man solt mich hinweg unter die Frembde thun, auf daß ich auch etwas bey denenselben lernen mögte, wie denn auch folgends beschehen, und ich in meiner Jugend hin und wieder als folgen wird, viel gebraucht worden.

Und zwar, so bin ich anfänglich zu Niedernhall am Kocher, ein Jahr lang in die Schul gangen, und bey einem Vettern gewest, der hieß Conz von Neuenstein (und saß zu Niedernhall, alba hat er ein Hauß gebauet) als ich aber nicht viel Lust zur Schulen= sondern vielmehr zu Pferden und Reuterey trug, und mich dabey finden ließ, bin ich folgends alsbald nach demselben zu Herrn Conrad von Berlichingen, Ritter, meinem Vetter seel. kommen, bey dem ich 3. Jahr lang verharret, und für einen Buben gebraucht worden; Und den ersten Ritt, den ich bey ihme meinem Vetter gethan, der ist beschehen, als ihme Herr Marggraff Friderich von Brandenburg rc. zu Onolzbach auf dem grossen Reichs=Tag gen Worms im Jahr, als man 1495. geschrieben, als ein Fürstl. Rath verordnet und

geſchickt, mit dem ich dann alſo in meiner Jugend auf
ſolchen Reichs-Tag auch mitreithen muſt, und ſo lang bin
ich auch reißig geweſt, und ſind wir freylich in der erſten
Faſt-Wochen gen Worms kommen, und war ſein erſter
Ausritt von Onolzbach an biß gen Schrozberg in ſein
Behauſung, und von Schrozberg an, ein Tag biß gen
Moßbach, von Moßbach biß gen Heydelberg, da aßen wir
zu Morgen bey dem Würth zum Hirſch, und nach dem
Imbiß ritten wir noch denſelbigen Tag biß gen Worms,
das rechne ich ein Tag auf 8. oder 9. Meil Wegs, und
baucht mich damalen meinem Thun nach, wie ich ein Geſell war, weit und viel ſeyn; aber ſeit derſelbigen Zeit
hero habe ich es wohl gewohnt und etwa in wenig Tagen
und Nächten weite Reiſen vollbracht, und darbey nichts
geſſen oder getrunken, welches die Nothburfft alſo erfor-
dert hat, dann es etwan nicht anderſt ſeyn kunt; Als wir
nun gen Worms kamen, war mein Herr ſeel. der Erſte
ohn einen (der erſten einer) ſo daſelbſt auf dem Reichs-
Tag ankommen, und blieb alda liegen, biß daß alle Chur-
und Fürſten, auch andere hohen und niedern Stands,
ſelbſt perſönlich oder aber durch ihre Bottſchafften auf der
Reichs-Verſammlung erſchienen ſeyn, und in den berührten
3. Jahren, weil ich als oblaut bey meinem Vettern, Herrn
Conrad von Berlingen Rittern geweſen, wurden viel Tag
hin und wieder zu Worms, Ulm, Augſpurg und andern
Orten gehalten, da etwan Chur-Fürſten und Fürſten auſſer-
halb des groſſen Reichs-Tags zu Worms zuſammen kamen,
auch Kayſerl. Majeſt. etwan ſelbſt, und bei denen allen
iſt mein Vetter ſeel. viel gebraucht worden, alſo daß er
das ganze Jahr nicht viel über 2. Monat in allen ſeinen
Häuſern, deren er drey gehabt, inheimiſch ſeyn kunt, und
ob er ſchon je einmal heim kam, waren ſein und ſeiner
guten Freund auch der Ritterſchafft in Francken Geſchäffte
ſo viel und weitläufftig, daß er als ein alter Ritter für
und für wenig Ruhe haben kunt, dabey ich dann allenthalben als ein Bub und Junger muſte mit-reithen und
gebraucht werden.

Und den letzten Reichs-Tag, da ich bey ihme geweſen
bin, der war zu Lindau am Bodenſee, daſelbſt er auch

gestorben ist, und kamen wir auf St. Lorenzen=Tag dahin, da er folgends um Faßnacht zu Lindau verschieden ist, und haben ihne sein Knecht und ich als ein Knab mit der Leicht herab geführet biß gen Schönthal in das Closter, und gieng der Bischoff von Maynz mit Nahmen Bischoff Berthold von Henneberg Löblicher Gedächtnus selbst mit der Leicht von Lindau dem Thor an biß gar über die Brucken heraus, die über dem Bodensee gehet, das dann sehr eine lange Brucken ist, und war auch sonst kein Fürst da, dann der Bischoff von Maynz, als ein Ertz=Canzler von des Kaysers wegen, aber sonst alle Stände im Röm. Reich hatten ihre verordnete Räthe und Gesandten da, und nahmen wir unsern Weg mit der Leicht auf Heilbronn zu, und lagen über Nacht in der Herberg, die hieß zum Spiegel, zum Wahrzeichen brannte es dieselbige Nacht daselbst zu Heyl=bronn, gleich gegen dem Abend, da wir zu Nacht gessen hatten, und musten wir in der Herberg bleiben, und durfften nicht heraus, und des andern Tages fuhren wir mit der Leicht gen Schönthal, alba auch gedachter mein Vetter seel. wie gemeldet, begraben worden.

Und gleich hernach um Pfingsten thät ich mich zu hoch=gedachten Marggraff Friderich löbl. Gedächtnus, und ist des=selbigen mahls Hannß Berlin von Heylbronn des Marggraffen Thürhüter auch mein und anderer Buben Zuchtmeister gewesen, und erhub sich bald darauf ein Zug in Hoch=Burgund, in welchem Herr Veit von Lentersheim etlich Reiter führen solt, do erlangt ich Erlaubnus von hoch=gedacht meinem gnädigsten Fürsten und Herrn, daß ich auf ihne von Lentersheim warten solt, und ward des=mahls ein grosser Reichs=Tag zu Freyburg im Breißgau, da wir 14. Tag still liegen müssen, darnach sind alle Hauffen zu Roß und Fuß zu Einßheim (im Obern=Elsaß gelegen) gemustert worden, und alsbald zogen wir in Hoch=Burgund und nahmen etliche Häuser ein, und waren Tag und Nacht in der Rüstung und Fürzug biß wir für Langer kamen, und auf St. Jacobs=Abend kamen wir in ein Lager, und erstickten uns denselbigen Tag um grosser Hitz willen 3. Burgundische Kürisier= und etliche Reuter, die unter meines Herrn Hauffen waren, die fielen unter

die Gäul, als ob sie truncken wären, wiewol sie selbigen
Tags keinen Wein gesehen hätten, und wie wir des Morgens uf St. Jacobs-Tag uf seyn wolten, da kam ein
groß Wetter und fielen Stein so groß als wie die Hüner-
Eyer, und wann ein Landsknecht über die Gassen lief,
und ihn ein-Stein traff, so schlug er ihn ernieder, biß
das Wetter fürüber kam, und als wir folgends wol anderthalb Meyl Wegs gezogen waren, da sahen wir die Kiesel-
Stein noch hin und wieder liegen, unterwegen, daß ein
grausam heisse Zeit war, und uns etliche Knecht, wie gemeldet, Hitz halber erstickt waren; Als wir nun Tag und
Nacht fürzogen, kamen wir, als oblaut, gen Langer, und
hätten uns gern daselbst mit denen Feinden geschlagen,
aber es wolt nit seyn, und hielten wir in eim Holz von
der Nacht an biß lang uf den folgenden Tag, und meinten
unsere Haubt-Leuth, die Feind solten sich von Langer
heraus thun, so wolten wir sie dar ab geschlagen haben,
aber sie kamen nit, und hätten, als wol zu gedencken, wie
man sagt, den Braten geschmäckt. Folgends zogen wir
für Langer hinein über ein groß weit Feld, und leit die
Stadt und das Schloß Langer auf einem sehr hohen Berg,
das liessen wir auf der lincken Hand liegen, also daß die
Feind uns kunten sehen vom Schloß und der Stadt,
darum dann unsere Haubt-Leuth die Ordnung groß machten,
und stellten die Glieder weit von einander, damit der
Hauff desto scheinbarlicher seyn solt, dann wir waren gar
schwach und hatten über die 700. Pferd nicht und 2000.
Lands-Knecht, wie wol wir sonst noch etliche Hauffen mehr
hätten, sie waren aber nit bey uns, da wir gen Langer
kamen, und lagerten uns in ein Dorff, nit sonderlich weit
von Langer, da hatten wir einen ernstlichen Lermen und
musten von Stund an wieder uf seyn, und hatt mein Herr
ein Knecht oder Trossen, der war wol 30. Jahr alt und
zuvor wol in ein Zug oder dreyen mit Herrn Veiten von
Lentersheim gewesen, der war also langsam und ungeschickt
mit der Reutherey, daß er über ein Gaul nit kunt zu-
rüsten und zäumen, biß ich die andere Gäul all gesattelt
und gezäumet hätt, da gab ich meinem Herrn den Gaul,
das Helmlin und den Spieß, und ich den nechsten hinach,

also daß wir dasselbig Lager auch raumen müssen, und zogen demnach auf denselbigen Tag wieder biß in die Nacht, und kamen in ein ander Läger, da war ein Schlöß= lein und ein Wasser=Häußlein, war aber doch Französisch und hatten allda nichts zu essen, allein für die Gäul fun= den wir Fütterung genug, denn es war eben da die Scheuren all voll Waren, doch beschehrt uns GOTT da= mals in der Noth Hüner und Fisch, welche wir Nachts überkommen, und wir des Morgens braten und wie wirs im Sinn hatten, gleich wohl damit leben wolten, aber wie nun das Essen fertig war, und alle Ding zugerüst, da kommt Bottschafft wir sollen schnell uf seyn, dann man wolle anstossen und brennen, da nahmen wir den nechsten die Gäul, bandten sie heraus an die Zäune, und das Harnisch auch heraus zu den Zäunen, und kunten also die Gäul und Harnisch kaum heraus bringen, da fieng das Hauß, Scheuren und das ganze Dorff schon allent= halben an zu brennen, und sprangen die Gäul Hitz halben vom Feuer an den Zäunen wie die Böck, also daß wir allda von Stund an wieder uf seyn und abermal wieder fortziehen müssen, und hätten wir und die Gäul in 3. Tägen und 2. Nächten nit viel zu essen gehabt. Folgends zogen wir heraus gen Than in Sundgau, allda wir ein Weil verharreten, biß daß wir uns wiederum erquicken mögten, darnach zogen wir durch Lothringen, und stieß Kayser Maximilian zu uns mit etlich hundert Pferden, darunter war Herzog Friberich und Herzog Hannß von Sachsen Gebrübere, die waren mit dem Kayser Maximilian von Freyburg heraus gezogen, und nahmen den Zug auf Doll und Mez zu, da zogen wir auch zimlich hart, dann Herr Ruprecht von Arnberg war mit etlich Kriegs=Volck auch in derselbigen Lands=Orth (Lands=Arth) also daß der Kayser hart zog, und meinten Jhro Majestät nicht anderst dann sie wolten ihn übereilt und geschlagen haben, aber wir kamen ein wenig zu langsam, also daß er Rup= recht von Arnberg irgend einen halben Tag vor uns hin= weg war, da zogen wir gen Mez und blieben ungefehrlich 14. Tage daselbst liegen, darnach waren wir wieder auf, und zogen in welsch Brabanb und säumten uns allbo auch

auch ein Weil, darnach uf Nämen zu, (auch in Braband)
da war der Winter vorhanden, und ließ uns mein Herr
die Winter-Kleidung machen, also daß wir auch etliche
Tag daselbst lagen, und um Martini oder vielleicht dar=
über kamen wir wieder heim gen Onolzbach, und ist dieser
Zug ein Jahr vor dem Schweitzer-Krieg gewest. Als wir
nun heim kamen, bate ich meinem Herrn, daß er mir gen
Jagsthaußen erlauben wolte, dann mein Vatter seel. war
eben denselben Sommer gestorben, und wolt ich auch sehen,
wie mein Mutter, Brüder, Schwestern seel. Hauß=hielten,
wie ich dann thät, und blieb denselbigen Winter, biß die
Faßnacht herzu gieng, bey meinen Freunden zu Jagsthaußen.
Folgends hat Marggraff Friderich Löbl. Gedächtnus mich
als einen Knaben auferzogen, und must ich samt etlich
viel andern Knaben auf Ihre Fürstl. Gnaden, wann sie
essen wolten, warten, wie ich dann thät, und begab sich
auf eine Zeit, daß ich mich neben einen Polacken zum
Essen niedersetzet, welcher sein Haar mit Eyer gebicht, und
hätt ich zu allem Glück einen grossen welschen Rock an,
den mir Herr Veit von Lentersheim zu Nämen in Bra=
band hett lassen machen, und wie ich dann neben jetzt=
bemelten Polacken heraus spring, hett ich ihme das hübsch
Haar mit dem Rock etwas erwischt, und in einander ver=
wirret, da ersiehe ich ohngefährlich im Springen, daß er
nach mir sticht mit einem Brod-Messer, und hett doch mein
verfehlet, welches mich nicht unbillig zum Zorn beweget,
und wie wol ich einen langen und kurzen Degen bey mir
hett, so nahm ich doch das kurze Degelein und schlug ihn
damit um den Kopf, wartet aber doch nichts desto weniger
auf mein Dienst, wie dann der Brauch war, und blieb
Nachts im Schloß, des Morgens frühe, da gieng der
Marggraf in die Pfarr-Kirche und höret Meß, wie er
dann ein Gottsförchtiger Fürst war, und wie wir wieder
aus der Kirchen giengen in das Schloß, da sperret man
das Thor hinter mir zu, und gehet eben der Unter-Mar=
schalck her, und spricht zu mir, ich soll mich gefangen
geben, da sagt ich: Last mich unverworren, ich glaubs
nicht, ich muß gehen hinauf zum jungen Herrn, und gab
ihm also nit viel guter Wort, aber der gut Mann war

weiffer dann ich, und ließ mich gehen, bo er mich aber
hett angriffen, hett ich mich gewißlich gewehret, und wär
ich irgend in ein groß Unglück dardurch kommen, und
gieng ich auf folches herauf zu den jungen Herrn, fagt
Ihnen wie die Sach geschaffen, und was mir mit dem
Marschalck und Polacken begegnet war, da wolten Sie
gleich zu Tisch gehen, und zu Morgen essen, und fagten
die Fürsten zu mir, ich folt da bleiben, und ob jemand
käme, folt ich hinein gehen in die Cammer, und mich in
das heimlich Gemach verbergen, und daffelbig innen ver=
fperren, wie dann beschah, und wartet ich also biß die
jungen Fürsten vom Effen wieder kamen, und war das
die Meynung, Sie hätten mit dem alten Fürsten, Ihrem
Herrn Vatter, und auch mit der Königin Ihrer Frau
Mutter meinethalben geredt und gebetten, mich der Straff
des Polacken halben zu entfichern (entfuhnen) aber es hät
nit feyn wöllen, fondern wolt der alt Marggraff ein gut
Weib= und Sie die junge Herren eine gnädige Mutter
haben, fo muft der Marggraff zufagen, daß Er mich wolt
im Thurn straffen, und fagten mir doch die beede junge
Fürsten darbey, ich folts nicht abschlagen, Sie wolten mich
über ¼. Stund nicht darinn laffen liegen, da fagt ich,
was foll ich im Thurn thun, hats doch der Polack an
mich gebracht, da fagten Sie mir wieder zu, Sie wolten
mich nit über ¼. Stund darin laffen liegen, also daß ich
mich darauf ließ bereden und williglich in den Thurn
legen, und wolt mir je Marggraff Georg Löbl. Gedächtnuß
ein fammete Schauben, die war mit Märdern und Zobeln
gefüttert, geben, mich damit zu bedecken und darein zu
legen, aber ich fagt, was folt ich mit thun, ich leg mich
eben alfobald mit in Koth, als darneben, und dieweil die
Sache fo kurz gestellt ist, fo darff ich ihr nit, fondern
will mich williglich in den Thurn begeben, wie ich dann
thät, und hielten mir die junge Fürsten dermaffen Glau=
ben, daß ich nit über ¼. Stund im Thurn liegen dörfft,
fondern kam alfobald mein frommer Hauptmann, Herr
Paulus von Absberg, und thät mich wiederum auffer dem
Thurn, und muft ihm fagen, wie es zu wär gangen, oder
was die Urfach wäre, das thät ich nun, und zog er fol=

gends mit mir dahin für die Räthe, und thät mir der fromme Ritter das Wort, und entschuldigt mich, und stunden alle Buben und Edel-Knaben bey mir, die damahlen bey dem Marggrafen am Hof waren, und ich glaub, daß deren in die 50. oder 60. gewesen, und hett Herr Paulus von Absberg gern Fleiß angekehrt, daß man den Polacken auch in den Thurn hät gelegt, aber es wolt nit helffen. Darnach ungefährlich über $^1/_4$. Jahr begab es sich, daß ein anderer Polack und einer von Wollmershauffen solten mit einander stechen, und war der Wollmershauffer Zeissolf von Rosenberg seel. naher Freund, und wurden sie mit einander der Sachen gar zu Unfrieden, also daß sie zur Wehr griffen, da stund ich als ein böser Bub dabey, und als der Zeissolffer von seiner Schauben mit der Wehr nit nacher kunt kommen, und der Polack die Stechstangen zum Stoß gefasst hett, da war ich hie zwischen der Stangen und dem Polacken, und schrey ihn an, und sagt, stößt du, so will ich dich auf den Kopff hauen, daß dich die Drüß muß ankommen, also, daß er den Stoß nicht vollbringen kunt, da giengs klinck klanck, und wie ich also dahinden stehe, und wolt züchtig seyn, dann es war mir vor übel mit einem Lecker, dem andern Polacken, gangen, da laufft aber eben derselbig Polack, den ich hievor zu Hof geschlagen hät, allein daher, und wolt sich an mir rächen, und war auch ich allein, daß wir fein Raum hätten, und hät ich kein Gesellen bey mir, und er auch keinen bey sich, darum ich mich dann nit lang säumet, sondern ruckt zu ihm hinzu, und trieb ihn hinter sich, daß er in die Flucht kam, und lief des Herzogs von der Littenes (Liettenes) Herberg zu, des Diener er war, und halff ihm darvon, sonst wolt ich ihm wieder ein Streich oder etlich geben haben, und wurde damit das Geschrey so groß, daß ich glaub, es haben 100. Menschen in Fenstern und auf dem Marck zugesehen. Item als auf ein Zeit der Landgraf zu Hessen, jetzigen Landgrafen Herr Vatter seel. der hieß Landgraf Wilhelm seine erste Gemahl nahme, und ward die Hochzeit zu Cassel, da ward ich von meinem gnädigsten Fürsten und Herrn, Marggraff Friderichen ꝛc. verordnet, auf Marggrafen Georgen seinen Sohn zu warten, und wie ich da-

selbst in der Stadt war geweft bey meiner Gesellen einem,
der hieß Joachim von Arnn, und wolten wir beede wieder
mit einander hinein gehen zu Hof, wie wir dann thäten,
so wird aber mein Gesell mit einem Trummeter von seiner
Herberg, ehe wir ins Schloß kamen, zu Unfrieb, und war
gleich ganz Abend, und wie ich das siehe, da griffen sie
zu den Wehren, nun hät der Trummeter zuvor einen neu=
lich erstochen, und auch sonst einer von Adel, ein Secken=
börffer, durch die Blasse gestochen, daß niemand gemeint,
daß er lebendig wär blieben, und wie nun der Trummeter
die Wehr heraus thät, da lauff ich zu ihm hinein, und
erwisch ihn mit der Wehr, und fallen wir beede mit ein=
ander über und über, aber ich gewahn ihm doch die Wehr
ab, und wird darüber etwas verwundet, nit weiß ich, ob
ers der Trummeter oder mein Gesell gethan hat, und war
solche Wunden am Kopff wol eines Fingers lang, also
daß ich erst darüber erzürnet, und wolt wieder zu ihm
getretten seyn, do entlaufft er mir aber in sein Herberg
hinein und war es ganz Duffel und Nacht, daß ich die
Gelegenheit im Hauß nit wust, sonst solt er mir also leicht=
lich nicht darvon seyn kommen, sondern wolt ihne zum
wenigsten irgend an einem Fuß gezeichnet haben. Und
bieweil man wolt gleich so bald uf die Hochzeit gen Caffel
in 8. oder 10. Tagen uf seyn, versucht ich mich alle Tag
der berührten Wunden halben mit dem Eisenhuth, ob ich
ihne führen mögte, dann ich sorgen must, ich kunt in kurzer
Zeit nicht gar heil werden, aber ich rüste mir den Hut
zu, daß ich mit andern bennoch künde nacher kommen.

§. II.

Zum Andern, als ich, wie gemeldt, den Winter biß uff
die Faßnacht bey meiner Mutter, Bruder und Schwester
seel. war, da fieng sich der Schweizer=Krieg ungefähr=
lich um Faßnacht an, und het der Marggraf schon zween
Zeug nacheinander hinweg geschickt, da ich nun dasselbig
hört, gedacht ich, was soll ich da liegen, dann ich hett
Jagsthaussen schon genug, und reit hinauf gen Onoldsbach,
und wolt hören, was für ein Geschrey da wär, und alsbald
ich gen Hof kam, ersahe mich mein gnädiger Herr Marg=

graf Friderich, da rufft er einem seiner Diener zu Jhme, mit Befelch, er solt den Gewandtschneider kommen lassen, wie dann beschah, und so bald der Schneider kam, spricht der Marggraf zu ihm, nimm den Berlinger und miß ihm Kleider an, er muß uf mich warten, denn Er der Marg= graf wolt gleich alsbald uff seyn, aber es kam Pfalz=Graf Philipp Löbl. Gedächtnus des andern Tages auch dahin, also daß Er noch 2. Tage allbo must verziehen, und wolt Pfalz=Graf Philipps die Neumarck und die Ober=Pfalz einnehmen, dann Herzog Otto von Bayern war gestorben, da wurd ich als ein Knab für ein verordnet, in des Pfalz= Grafen Gemach uffzuwarten, wie ich auch thät. Und wie der Pfalz=Graf hinweg zeucht, so war der Marggraf des andern Tages selbs persönlich mit dem dritten Zeug auch uf, dann Er hett schon wie gemelbt, zween Zeug hinweg geschickt, und wie wir hinuf kamen gen Uberlingen, da hetten die Schweizer schon ein Hauffen geschlagen; und lagen wir ein Zeitlang zu Uberlingen, barnach sammleten sich die Kayserlichen und Reichs=Städt wieder, und zogen mit Macht hinein gen Costanz, und stieß der Kayser in der Nacht auch zu uns, der hett ein kleines grünes altes Röcklein an und ein grünes Stuz=Käpplein, und ein grossen grünen Huth barüber, baß Jhn keiner für ein Kayser ge= fangen ober angesehen hett, ich aber als ein junger kanbt Jhn bey der Nassen, baß Ers war, dann ich hett Jhn bavor, wie gemelbt, uf etlich Reichs=Tägen, da ich bey meinem Vetter seel. war, gesehen, und hett der Kayser Maximilian ein guthen Anschlag für ihne, dann wir kamen wie gemelbt bey der Nacht und in der Stille bahin gen Costanz mit allen Hauffen zu Roß und Fuß, welche auch des Morgens alle zusammen geführt worden, und waren alle Schlacht-Ordnung zu Roß und Fuß, wie sichs ge= bührt, gemacht, indem aber, so hält der Kayser Maximilian und Marggraf Friderich Löbl. Gedächtnus, samt etlichen Hauptleuthen und Räthen bey einander, und führt ich meinem Herrn dem Marggrafen einen grossen Spieß, samt einem grossen Fahnen baran, nach, und war der Spieß weiß und schwarz gemahlt, der Fahnen auch weiß und schwarz, und hett ich uf dem Helmlein eine grosse Feber,

die war auch weiß und schwarz, die stund stracks über sich.
Wie mich nun der Kayser ersicht, so reit Er von dem
Marggrafen zu mir, und spricht, wem ich zustehe, da sagt
ich, meinem gnädigsten Fürsten und Herrn, dem Marg=
graf Friderichen ꝛc. Da hebt Er an, und spricht, du hast
einen langen Spieß und ein grossen Fahnen daran, reit
mit dorthin zu jenem Hauffen, biß daß des Reichs=Fahnen
der Adler von Costanz heraus kommt, das thät ich nun,
dieweil ich den Kayser kant, und wust, daß Ers war,
fragt derohalben niemands, und kam also neben Schenck
Christophen von Limburg, der hett der Zeit Nellenburg
im Hegen innen Pfandweiß, und hielt mit einem Fahnen
neben Ihm, das wehret irgend eine halbe Stund ungefehr=
lich mehr oder weniger, da gab man Schenck Christophen
von Limburg den Adler des Reichs=Fahnen in sein Handt,
das ist das erst= und lezte mal, daß ich im Feld des
Reichs=Adler fliehen sehen, darnach zog ich wieder zu
meinem Herrn, und wartt, was ich zu schaffen hett.

Und so viel ich von meinem gnädigen Fürsten und
Herrn, dem Marggrafen und andern, als ein Junger um
die 17. oder 18. Jahr verstanden habe, wo man denselbi=
gen Tag furt gezogen mehr, so wolten wir die Schweitzer
im Schwaderloch übereilt und geschlagen haben; Den an=
dern Tag schicket man sich wieder, daß alle Hauffen zu=
sammen verordnet würden, der Meynung anzuziehen, da
kam aber Kundschafft, daß die Schweizer sich also gestärckt
hätten, und darzu ihren Vortheil eingenommen, daß dar=
durch derselbig Zug unterlassen ward, wär man aber den
ersten Tag, wie es der Kayser für hett, angezogen, so
glaub ich, es solt auf unserer Seithen, so viel ich gehört,
recht und wol zu seyn gangen, wo man aber viel Räth
und viel Köpf hat, da gehet es gern also zu, dann es ist
mir selbst in meinen eigenen Händeln also gangen.

Kurz nach demselben hetten die Würtembergischen und
Marggräfischen Verwalter auch einen Anschlag für Schaf=
hauffen mit ihren Reissigen und Fuß-Volck, also, daß wir
bey der Nacht für ein Flecken kamen, der hieß Taingen,
leit nit weit von Schafhaussen, nun waren etlich Schweizer
von Schafhaussen heraus gekommen in denselbigen Kirch=

Thurn, die wehrten sich und wolten sich nicht gefangen geben, sondern sagten, sie wolten sterben als wie fromme Eydsgenossen, in Summa Herr Melchior Süzel seel. der hielt zwischen Schafhausen und Taingen, da trieben ihn die Schweizer von der Wart ab, und wurff ihn ein Schweizer mit einem Stein in das Angesicht, und wehrten sich die in der Kirchen dermaßen, daß sie viel vom Adel und Unadel zu Roß und Fuß erwurffen und erschossen. Und nachdem mir mein Gaul, darauf ich uf den Marggrafen wart, gestorben war, lief ich als ein böser Bub. zu Fuß mit den Knechten hinein zu der Kirchen, erwischt ein altes Scheffelein, und hett mein Degen auch uf dem Baardt gebunden und die Hosen abgeschnitten, da wurd Meister Jacob ein Büchsenmeister ein kleines dürres Männlein, der mir hart an der Seiten stund, geschossen, und gieng der Schuß durch ihn hinaus und traff ein Knecht, der gehört zum Würtembergischen Hauffen, hett ein bloes Kleid an, der blieb todt, aber der Büchsenmeister lebendig, und die lezt bracht Herr Depold (Sebalt) Spat und andere Pulver, und thäten es unten zu dem Thurn hinein in die Kirchen und stiessen es an, da musten die, so darinnen waren, verbrennen, aber ein Schweizer fiel oben heraus, und hett ein jungen Buben uf dem Arm, und wie er herab fällt, da lieff der Bub von ihm und schadt ihm nichts, aber der Schweizer blieb todt, und nahm das Büblein ein Marggräfischer Reuther, nit weiß ich wo er ist mit hinkommen, ich hab es auch seithero nit gesehen.

Nun hatten sich etliche Knecht in der Kirchen versäumt, da man das Pulver anzündt, kan gedenken, sie haben irgend wollen maussen, und hett sie das Pulver auch ereilt, die müsten sich auch jämmerlich im Feuer leiden, nit weiß ich, ob sie todt oder lebendig seyn blieben, dann sie liessen nit heraus, und als wir wieder von der Kirchen hinweg kamen, hielt unser Hauff in der Schlacht-Ordnung zu Roß und Fuß, und meinten die Schweizer würden zu ihnen hinaus fallen, aber da niemands kam, zogen wir wieder ab. Bey dieser That bin ich, wie gemeldt, gewest, und sonst bey keinem ernstlichen Handel, da man also in gemeinen Krieg mit der That angriffen hett. Sonst weiß ich nichts sonderlichs von dem Schweizer=Krieg, dann daß die Schweizer viel Hauffen geschlagen, als dieselbigen nicht beyeinander waren, aber mein Herr der Marggraf ist bey derselbigen Hauffen keinem gewest, es wird auch Graf Heinrich von Fürstenberg im Sundgau in seinem Lager von den Schweizern in der Nacht überfallen, und geschlagen, gieng auch samt den Seinen dardurch zu Grund und blieb tod, aber zween Herren kamen darvon, die auch bey Sr. Gnaden gewesen, welche sich zum Margg=grafen in sein Läger theten, von denen ich selbs gehört, wie die Sachen bey ihnen zu sey gangen, da ich dann so viel vernommen, daß es durch Fahrläßigkeit, Verachtung und Liederlichkeit versaumt sey worden, dann ich bin dar=bey gestanden, da es die Herrn dem Marggrafen anzeigten, und war darzu gegen dem Abend in der Nacht, da sie zum Marggrafen kamen, und Ihro Fürstliche Gnaden solche böse Zeitung, wie gemeldt, anbrachten.

§. III.

Um Dritten, nachfolgends über ein Jahr, da hab ich das Harnisch angethan, welches die Gestalt gehabt, mein Bruder Philipps seel. und ich ritten gen Heil=bronn, und wolten zu unser lieben Frauen, frilich im Mitfasten ohngefährlich, und wie wir wieder im Heimreiten wären, und zu der Neustatt am Kocher durchziehen, laufft unß der Schuldheiß nach, der hieß Schwarzhannß und schreit unß, und ich würd es zwar am ersten gewahr, und sagt zu meinem Bruder, der leufft und schreit unß nach, wir wöllen hören, was er will, blieben also halten biß er zu uns kam, da war das sein Werbung, es hett unß ein gut Gesell gebetten, wir solten ihm ein Reiß dienen, da sagt ich für mich, wie wol als der jüngst, wehr er ein gut Gesell, so solt er zu unß kommen, und unß selbs ansprechen, wolten ihm guthe Antwort geben, und zogen also unser Pfads 2c. den andern Tag kam derselbig guthe Gesell gen Jachsthausen, und war der alte Thalacker sel=bigen mals des Herzogen von Würtemberg Feind, ich hett ihn auch vorhin nie gesehen, der sprach uns an, wir solten ihme mit 3. Pferden dienen, da gab mir mein Bruder ein

Gaul, und bracht ich ſonſt auch zwey Knecht uff, und dienet ihm ein Reiß, er hett freylich auch nicht mehr als 3. Pferd, darunter war Heſſelſchwerd und ſonſt noch einer ſein Geſell, alſo daß unſer 6. waren. Nun fiengen wir ungefehrlich 11. Reicher Bauren uff den Kapffenhart die waren Würtenbergiſche und war eben denſelbigen Tag Wochen=Marck zu Heilbronn, und manet der Thalacker ſolche Bauren, daß ſie ſich uff St. Georgen=Tag ſolten gen Trochenſells ſtellen, und zogen wir fürder uff Heilbronn zu, und waß Würtembergiſch war, das nahmen wir gefangen und zogen biß an die Schrancken hinein, daß diejenigen, ſo zu den Thoren verordnet, mit ihrem Harniſch allernechſt bey uns waren, das war das erſte Banzer und Harniſch das ich anthet, ſonſt war ich für ein Jungen zimlich ver= ſucht und gebraucht worden in Kriegen, und anders, doch in Knaben weiß, und macht in dieſem erſten Angriff bey dem Thalacker mit berührten Knechten und Reuthern Kund= ſchafft, daß ich folgends als ein Junger wol zwey Jahr mit ihnen ritt, und ihnen anhängig war, darnach aber wurd bemeldter Thalacker des ganzen Bunds Feind. Und über zwey Jahr ritt ich zum Sottenberg zu meinem Vettern Herrn Neidhart von Thüngen ſeel. eines Gauls halben, den er mir zugeſagt hett, und wie ich dahin kam, war er gleichwol nit daheim, da er aber heim kam, ließ er mir Kleider machen, ich ſolt uff ihn warten, dieweil er nun meiner Mutter ſeel. Bruder war, kunte ich es ihme nit wol abſchlagen, blieb alſo den Winter bey ihm, ich denck, er hab mich darum bey ſich gehalten, daß er viel= leicht Sorg für mich gehabt, weil ich nemlich des Thal= ackers Reitern anhieng, und mit ihnen ritt, daß ich irgend darüber möcht ſchnapfen (ſchnappen). Und wie nun der Frühling wieder hergieng, fieng ſich die Handlung mit dem Marggrafen und denen von Nürnberg an, da ließ ich mich brauchen und reit zum Marggrafen mit 4. Pferden ohne alle Beſtallung, dann er hett mich von Knaben weiß, wie oblaut, ufferzogen, darum braucht ich mich und thät mein Beſtes auch, wie dann ein junger Geſell in denen Händeln billig thun ſoll, und hielt mich ohne Ruhm zu reden der= maſſen alſo, daß Marggraf Caſimirus etwann nach mir

schickt, daß ich nit wust, was er wolt, und mir selbst aus
treuer Meynung anzeigt, und sagt, ich leg immer auf der
Baan, ich solt es nit thun, gab ich Ihro Fürstl. Gnaden
gleich etwas stumpfe Antwort, und sagte, ich will wehnen,
ich sey darum hie, daß ich reiten soll, wann man mir
ansagt, so reit ich, wann ich es nicht thät, hett vielleicht
Euer Fürstl. Gnaden auch kein Gefallens daran, und hab
wol zu Ihro Fürstlichen Gnaden gesagt, ich hätt mir für=
genommen, wann ich jetzt erst käm, und daß man mir
ansagt, so wolt ich reiten, weil die Gäul giengen, da
meint aber Ihro Fürstlichen Gnaden ich ritt, wann man
mir schon nit ansagt, das nun nit ohn war, dann so offt
20. oder 30. Pferd ritten, sagt man mirs auch allewegen
an, so ritt ich mit, wolt wehnen, ich wehr, wie vorgemeldt,
darum da, ich weiß auch kein Vortheil den ich hett, dann
daß mir Hermann Futtermeister mehr Futter gab, dann
einem andern, dieweil ich mich also willig brauchen ließ.

Dem sey nun wie ihm wöll, so zog mich der Herr
Hauptmann Paulus von Absberg herfür, und nahm mich
zu ihm, daß ich stets im Feld neben und bey ihm seyn
must, kurz darnach begab sich, daß man einander uf die
Kirchweyh lud, und solten wir Marggräfischen in der
Nacht uf seyn, wie dann geschah, und war des Marggrafen
Volck hart gezogen, und kamen dieselbige Nacht gen Schwa=
bach bey eitler Nacht, ungefährlich um 1. Uhr, und war
ich und Herr Sigmund von Lentersheim die ersten am
Thor, da nun der Hauff gar uf war, zogen wir fort, und
wie wir uf eine halbe Meyl ungefehrlich herauß kamen,
stieß Christoph von Gieg mit etlich Reutern uf unß, der
het des Nachts gewartet und Wach gehalten. Nun wust
ich wol, daß er die Sau bey den Ohren nehmen wird,
dann er war benen von Nürnberg nit hold, war auch
davor neulich ihr Feind gewesen, wie nun alle Hauffen
verordnet waren zu Roß und Fuß, will ich mit Christoph
von Gieg dahin ziehen, so ersicht aber es mein guther
Herr Paulus von Absberg, daß ich mit ihm ziehe, und
erkennt mich an meiner Rüstung, und schrye einmal 2.
oder 3. Christoph, Christoph! da fragt Christoph von
Gieg waß er wolt, da sagt er von Absberg, laß mir mein

2*

Berlinger bey mir, und nimm da meinen Vettern Hannß
Georgen von Absberg zu dir, da nun dasselbig also geschahe, und ich wiederum zu meinem Haubtmann kam,
ziehen wir hinein gen Nürnberg, dem Stichgraben zu, und
wolten sehen, wie die Gelegenheit allenthalben beschaffen,
wie und weß sich die von Nürnberg halten wolten, dann
Herr Paulus von Absberg sein Vortheil hingegen auch
wol erkennen kunt, aber sie die von Nürnberg waren von
Stund an auf mit einem grossen Hauffen und dem Geschüz, und schossen ein Schuß in andern zu unß, da zog
Herr Paulus und wir, die bey ihm waren, wieder hinter
sich, gleich als wären wir flüchtig, und wolten wiederum
wegeilen, wie wir dann nit wol im Wald außkommen
könnten, da waren aber die von Nürnberg an unß mit
dem Geschüz und der Wagenburg, und liessen es dermassen
daher gehen, daß unß zum theil die Weil nit kurz war,
dann es kan nit ein jeglicher das Gepölber leiden, und
kamen wir also an die Orth, da der Marggraf sich mit
seinem Hauffen versteckt hat, und hielt in der Schlacht-
Ordnung zu Roß und Fuß, wartet, ob die Feind sich zu
ihm hinauß thun wolten, dann es war nahe an der Statt,
und nit weit im Nürnberger Wald, also daß ihnen zu
und unß abgieng, und hetten wir ungefehrlich um die
700. Pferd, und des Marggrafen Land-Volck uf 300.
Lands-Knecht und 300. Schweizer. Als es nun Zeit war
zogen die von Nürnberg mit ihrem Geschüz, Wagenburg
und reißigen Zeuch uf unß daher, so viel sie deren hetten,
und waren warlich nicht ungeschickt, sondern wohl gefaßt,
mit der Wagenburg, Geschüz und ihren Leuten, und da
es am Treffen war, schickten wir und unsere Haubt-Leuth
zu Marggraf Casimirus, Ihro Fürstliche Gnaden solten
unß nachrucken, dann es war Zeit, so gieng unß auch ab-
und ihnen zu, darum man sich nicht säumen dörfft, da
schickten Ihro Fürstl. Gnaden wieder zu unß, wir solten
im Nahmen GOttes fürfahren, Ihro Fürstliche Gnaden
wolten unß nachrucken, und bald bey uns seyn, als
wie einem frommen Fürsten zustünde, da fuhren wir im
Nahmen GOttes fort, aber des Marggrafen Land-Volck
flohe alles von unß hinweg, biß allein das Kizinger

Fähnlein, das blieb bey unß, und 300. Lands=Knecht auch 300. Schweizern, samt denen Reißigen, mit welchen wir zogen dem Feind entgegen, und gieng ihr Geschüz der= massen an, daß man den Hauffen vor dem Rauch nicht wohl sehen kunt. Und als wir nun schier zu ihrer Wagen= burg kamen, wolten sie dieselbige beschliessen, das dann auch nit viel gefehlt hat, und waren warlich die Fuhr= leuth nit ungeschickt, sondern hurtig mit, da taugt mich mein Herz im Leib sagt mirs, und daß es mir GOtt in Sinn gab, so wolt es auch meines Verstands die Noth= burfft erfordern, daß ich den forderften Fuhrmann von dem Gaul herab erstach, das thät ich nur darum, damit der Wage nit weiter kommen könnt, und daß die andern auch still halten musten, und behielt ich dieselbige Lucken ohne Geheiß und Befelch meines Haubtmanns oder an= derer mit GOttes Gnad und Hülff innen, daß sie die Wagenburg nit gar schliessen könnten, wie wol es, wie gemeldt, nit viel gefehlt, sie hätten sie gar beschlossen, und war also mein Verhinderung unser gröster Vortheil den wir hetten, und ist ohn allen Zweiffel nit unbienst= lich zum unserm Sieg und Glück gewesen, dann ich sonst nit weiß, wie es zugangen seyn mögt, dann sie waren unß zu starck, und hetten dazu das Geschüz und die Wagen= burg bevor, und waren sie auch geruhet und wir müb, und zoge ihnen auch ein grosser Hauffe nach, und waren schon nahe bey unß, daß wir mit ihnen scharmüzelten, verlohren auch die meisten Reißigen gegen benselben Hauffen, dann wir zum erften nicht anderst meinten, dann sie wären auf unsere Seiten und unsere Gesellen, biß daß erst das Geschüz einher gieng, und unsere Gesellen etliche einspän= nige Reißigen gegen unß flohen, die ich auch selbs samt Hannßen Hunden den Marggräfischen Reitter Haubtmann hab helffen entschütten, welche sonst ohne Zweiffel nieder= gelegen wären, und wehrten wir unß dermassen, daß sie selbst wieder fliehen müsten, welches unser fürnehmst Glück war, dann als sie die flüchtigen blutigen Leuth sahen, gegen ihnen fliehen, da merckten sie, daß sie die Schlacht verlohren hetten, und ihr Hauff geschlagen war, und fien= gen an und flohen auch, ohne das, so war mancher guther

Geſell darauf gangen, und hett ich mich ſelber erwegen, dann mein Gaul war mir hart verwundt und geſtochen, ſtarb auch deſſelbigen Stichs, und war zu dem ſo ein heiſſer Tag, daß unß mehr Leuth erſtickten, dann zu todt geſchlagen wurden, und ich dacht ein Weil, es wär uns ſonſt ſo heiß, dieweil wir in der Handlung und Arbeit waren, aber wo ich darnach hinkam, ſagt jedermann wie es deſſelbigen mahls eine ſo Hitze wer geweſen. Als wir nun gehörter maſſen die Schlacht behielten, nahmen wir das Geſchütz und die Wagenburg, und zogen mit in das Lager gen Schwobach, ich hab auch ſeithero dieſelbigen Büchſen, ſo wir darvon brachten, zu Onoldsbach im Zeug- hauß geſehen, und waren darzu eiſerne Feld-Schlangen, die ich wol kennt hab, daß es eben dieſelbigen Büchſen ge- weſen. Solche Schlacht und Handlung iſt geſchehen, auf Sonntag nach St. Veits Tag, da man 1502. geſchrieben hat, und gleich den andern Tag des Montags gehe ich von meiner Herberg zu Schwabach in ein ander Würths- hauß, da wir gewönlich innen aſſen, und wie ich alſo darzu kam, ſo ſizt ein kleines Männlein auf einem groſſen Holz, das hieß Hennßlein von Eberſtatt im Weinſperger Thal, und es taugt mich, ich ſolt ihne kennen, und ich ſagt, Hennßlein biſt du es, und als er ſagt, ja, fragt ich wo er herkäme, und dacht nit anderſt dann er wäre das Land unten herauf gekommen, da ſpricht er aber, er fahre von Nürnberg heraus, ſagt ich zu ihm gleich mit denen Worten, was iſt geſtern für ein Handel und Geſchrey zu Nürnberg geweſt, antwort er mir, Juncker! Ich wills euch ſagen, ſo ein erſchröcklich Handlung iſt in der Statt, die freylich dieweil Nürnberg geſtanden, kaum darinnen geſehen oder gehört iſt worden, da ſagt ich, wie ſo, ſprach er, es iſt kein Menſch an keinem Thor und keiner bey ſeiner Wehr blieben, und haben die Flüchtigen bey dem Thor dermaſſen einander getrenget, daß ſie in die Gräben hinein gefallen ſeyn, darnach haben ſie die Brücken in der Statt ab- geworffen, der Burg und andern Thoren zugelauffen, welches alles alſo die Wahrheit war, dann ich habe es von andern ſeithero auch alſo gehört, hab auch ſelbs denen von Nürnberg etlich Leuth niedergeworffen, und gefangen,

die mirs gleichermaffen, wie der bemeldte Hennßlein von
Eberstatt angezeigt haben, er sagt mir auch darbey, als sie
ihre Leuth haben einher sehen lauffen, hätten sie gemeint, wir
die Feind wären es gewesen, daß mir dann nicht unglaub=
lich ist, auß der Ursachen, wie vorgemeldt, aber HErr
GOtt! wir waren müde und hetten hart gearbeitet mit
dem Geschüz und der Wagenburg, biß wir sie in unser
Lager brachten, und glaub ohne dasselbig, wann wir fort
hätten gedrückt und wären geruhet gewesen, wir wolten
Nürnberg auf solchmal erobert haben. Und so viel diesen
Krieg betrifft, weiß ich kein Besoldung, so ich oder mein
Bruder Philipps seel. davon gehabt haben, oder auch be=
gehrt, dann was wir von guthem freyem Willen gethan,
aber das ist wahr, daß kurz darnach ein grosser Tag zu
Onolzbach zwischen dem von Thüngen und denen von Heß=
berg des neuen Hauß halben gewesen, auf welchen ich auf
mein Vettern Herrn Neidharden von Thüngen gewart,
die dann zu beeden Seithen frieblich die besten und ge=
schicktesten Ritter und Knecht uf solchen Tag hetten, die
im Land zu Francken waren, und war Herr Georg von
Rosenberg auch da, und wurden solcher Handlung und
Schlacht in der Herberg zum Haucken mit dem Haubtmann
Herr Paulus von Absberg zu Redt, daß Herr Georg von
Rosenberg nach etlich Reden zu Herrn Paulus von Abs=
berg sagt, mein gnädiger Herr der Marggraf hat gut und
willig Leuth gehabt, auf den Tag, dann wo man willig
Leuth hat, da kan man etwas mit ausrichten, da sagt
aber Herr Paulns von Stund an darauf, ja mein gnädi=
ger Herr hat willig Leuth gehabt, aber so seyn zween
Berlinger do gewest, do hab ich nit zween williger gesehen,
und ich glaub noch nit, daß Herr Paulus von Absberg
gewust hab, daß ich in der Stuben gewest sey, und wie
er die Red thut, so stehet einer dahinden bey meinem
. Hauffen neben mir, den stieß ich also mit eim Arm neben
an die Seithen, und sagt, hörst auch, was der sagt, ant=
wort er mir, ja! und sagt darauf, nun weiß ich in Wahr=
heit kein Berlinger, der auf den Tag bey der Schlacht ist
gewest, dann mein Bruder Philipps und ich, dann mein
Vetter Herr Bernhard von Berlingen kam irgend 8. Tag
hernach gen Schwabach, er war aber nit bey der Schlacht.

Das ist mein und meines Bruders seel. Besoldung geweſt, war unß auch lieber, dann hett unß der Marggraf 2000. fl. geschenckt, wie wol wir warlich arm Gesellen waren, noch haben wir dannoch eine guthe Besoldung empfangen, daß nicht allein unser gnädiger Fürſt und Herr, der Herr Marggraf, ſondern auch Ihro Fürſtlichen Gnaden Obriſte Räth und Haubt=Leuth, Ritter und Knecht, Preiß, Ruhm, Lob und Ehr unß nachgeredt haben, da wir viel=mahls etwan wol bey 20. oder 30. Meil Wegs nit dabey gewesen, daß nemlich hochgedachter Marggraf Selbs und Ihro Fürſtlichen Gnaden Räthe und Haubt=Leuthe unß ehren und Guthes nachgeredt, und unser in beſten gedacht, daß dann unß von unſern guthen Gesellen und Freunden iſt angezeigt worden, iſt unß auch lieber geweſt, dann Gold und Silber, welches wir nicht dafür genommen haben wolten. Und als ich nun von ſolchem Krieg wieder heim wolt, da hett ich von den 4. Pferden, die Ich bey der Schlacht hett, nit mehr denn noch eins, welches unter den=ſelben das böſeſte war, und liehen mir meines gnädigſten Fürſten und Herr, des Herrn Marggrafens Obriſte Räthe Ihre ſelbſt eigene Leib=Pferde, und ſonderlich Herr Veit von Veſtenberg der hett ein Pferd, ſo ihm gar lieb war, und liehe mir es doch, daß ſich nun alle Menſchen daran verwunderten, und ſagten, ſie glaubten, wann ihn ſein Herr der Marggraf ſelber darum gebetten hett, er hett es Ihm nit geliehen; Diese Besoldung, wie vorgemelt, iſt mir und meinem Bruder die liebſte Besoldung geweſen, daran wir uns auch als arme Gesellen von Adel wol haben be=nügen laſſen.

§. IV.

Um Vierdten, wie die Handlung und Schlacht für Nürnberg, als vorgemelt iſt, aufn Sonntag nach St. Veits=Tag geschehen iſt, ſo hat ſich gleich dar=nach ungefehrlich um Michaelis zugetragen, daß ich mit Neidharbten von Thüngen, auf den ich der Zeit gewart, von Sottenberg herab geritten bin, und als wir alſo fort=zogen, werden wir zween Reiter bey einem Hölzlein ge=wahr, bey einem Dorff heißt Ober=Eschenbach, und waren

Enbriß von Gemünd, Amtmann zu Solleck, und sein Knecht, den hieß man den Affen; Nun begab sich darvor, wie ich zu Herrn Neidhardten kam, daß ein Tag zu Hammelburg gehalten wurd, und war Neidhard auch da mit Grafen Wilhelm von Henneberg, und Graf Michaeln von Wert= heim, welche etliche Händel eines Feinds halben hetten, der des jeztberührten Graf Michaels von Wertheim Feind geweſt war, den hetten sie dahin vertagt, und wurd die Handlung gericht und geschlicht; Nun gehe ich aber, und will zu Herrn Neidharden in die Herberg und zu seinen Knechten gehen, welche mehrentheils trunken waren, und war bemelter Aff so voll und het viel Winds in der Naſſen, trieb viel seltſamer Reb und sagt, was will der Juncker thun, will er auch zu unß, und dergleichen höhnische Worte, damit er mich vermeinet aufzubringen, daß mich dann hintennach verdroß, und sagt zu ihm, was darff ich deiner Junckerey, und deines Geſpötts oder Füllerey, wann wir einmal im Feld zusammen ſtöſſen, da wollen wir sehen, wer Juncker oder Knecht sey, und uf die Zeit, wie gemelt, da wir von Sottenberg herab ziehen, dacht ich wol, er wirds seyn, und mit seinem Juncker reiten ꝛc. und ich rannt den nechſten einen groſſen hohen Berg hinein, und bracht das Arm=Bruſt im Rennen auf, und den nechſten hinüber zu ihnen, und het dennoch weit zu ihm, und flohe sein Juncker dem Dorf zu, also, daß ich gedacht, er mahnt die Bauren uf, so het aber der Knecht der Aff auch ein Arm=Bruſt, und gab die Flucht gleicher weiß wie sein Juncker, und wie ich nun an ihne kam, da muſt er ein tiefen hohlen Weg hinein dem Dorff zu, und hett ich noch weit an das Eck, da der Weg hinein gieng, und ließ ihne den Hohlen Weg einher reiten, und schoß ihn uf den Rucken hinweg, nun wolt ich das Arm=Bruſt wol wieder ufbracht haben, dacht aber, er wird dein nit warten, weil er auch ein Pfeil auf dem Arm=Bruſt hat, und hette ich keinen Menschen nit bey mir, und ließ es derhalben, mit dem Arm=Bruſt bleiben, und rannt ihm nach die Höhle hinein, und da er sahe, daß ich das Arm=Bruſt nit ufbracht, wartet er mein vorm Thor, biß ich schier zu ihm kam, da schoß er her, und schoß mich vorn auf den Krebs, daß

der Pfeil zu Spreiſſeln gieng, und ſprangen mir über den
Kopf hinauß, da wurff ich ihme den nechſten mein Arm=
Bruſt an Halß, dann ich hett kein Pfeil darauf, und mit
dem Schwerdt rauß, und rannt ihn zu Boden, daß ſein
Gaul mit der Naßen auf der Erden lag, aber er kam
allemal wieder uf, und ſchrye immer die Bauren an, ſie
ſolten ihme helffen, und wie ich alſo mit ihme im Dorff
umher rannt, da ſtehet ein Bauer, der het ein Arm=Bruſt,
und ſchon den Pfeil darauf, ich den nechſten auf ihn zu,
ehe er zum Schuß kam, und ſchlug ihm den Pfeil vom
Arm=Bruſt, und hielt alſo bey ihm, und ſtieß das Schwerdt
wieder ein, und redt mit ihm, und gab ihm Beſcheid, und
ſagt, ich ſtündt Herrn Neidharden von Thüngen zu, und
wehren auch gut Fulbiſch, indem kommt ein ganzer Hauff
Bauren mit Schweins=Spießen, Hand=Beilen, Wurff=Beilen,
Holz=Beilen und Steinen, und hetten mich umringt, würffſtu
nit, ſo haſtu nit, ſchlägſtu nit, ſo gilt es nit, daß mir
etwann die Beilen und Steinen neben dem Kopf hinfuhren,
daß mich bedaucht, es rührt mich an der Pickel=Hauben,
da laufft aber ein Bauer daher, der hett einen Schwein=
Spieß, welchem ich zurannt, und wie ich das Schwerdt
wieder gewahn, ſo ſchlägt der Bauer her, und trifft mich
auf den Arm, daß ich dacht, er hett mir den Arm ent=
zwey geſchlagen, und wie ich nach ihm ſtich, da fällt er
mir unter den Gaul, daß ich nit ſo viel Plaz hett, daß
ich mich nach ihm bucken hett können, in Summa ich brach
durch, aber doch laufft noch ein Bauer daher, der hat ein
Holz=Beihel, dem gab ich ein Treff, daß er neben an den
Zaun fiel, da wolt mein Gaul nimmer lauffen, dann ich
hett ihn gar ausgeſchlagen, und war mir angſt, wie ich zum
Thor hinaus kommen mögt, und wie ich demſelbigen zu=
eile, war gleich einer da, der wolt das Thor zuſchlagen,
aber ich kam doch hinaus, ehe er das Thor zuſchlug, und
wie ich ein wenig vor das Thor hinaus kam, war der
Aff ſchon wieder da, und hett wieder ein Pfeil uf dem
Arm=Bruſt und 4. Bauren bey ihm, und ſchrye her, her,
her, und ſcheußt darmit wieder nach mir, daß ich den
Pfeil auf der Erden ſahe grellen, und ich den nechſten
wieder zu ihm zu, und mit dem Schwerd rauß, und jagt

sie alle 5. in das Dorff hinein, da fiengen die Bauren
an und schlugen Sturm über mich, aber ich ritt davon,
und wie ich wieder Herrn Neidhardt zu ziehe, der hielt
gar weit draus uf dem Feld, sahen wir den Bauren
allenthalben nach, aber es wolt keiner mehr zu mir kommen,
und wie ich schier zu ihm Neidharden kam, rennt ein
Bauer daher mit einem Pflug dem Sturm nach, und ich
über denselbigen und fieng ihn, daß er globen und schwören
must, daß er mir mein Arm=Brust wieder heraus bringen
wolt, dann ich hett es nach dem Affen, da er mich, wie
vorgemelt schoß, geworffen, da ich dann nit so viel Weil
hett, daß ich es wieder hett langen mögen, sondern must
es also im Weg liegen lassen.

§. V.

Um Fünfften, hab ich in dem Jahr, da man 1503.
hat geschrieben, des Thalackers Reuttern, mit andern
meinen guthen Freunden und Gesellen aber einmal
gedienet, da wir dann bey 14. Tag in den Hölzern hielten,
aber wir hetten gute Gönner und Freund, die uns Käß
und Brod brachten, daß wir dannoch bleiben konnten;
Darzu so hetten des Thalackers Reiter auch gute Herren
und Fürsten, und andere, da sie sich unterschleiffen und
sicher seyn kunten, welchen auch mein Bruder und ich, auch
andere Gesellen zimlich gute Anschläg gemacht und wohl
zu sagen, die Händ druf gelegt, daß wir ihnen gern ge=
rathen und geholffen hetten, aber es wolt etwann wenig
Fürgangs haben, dann sie hetten nit allwegen Glück darzu,
und wie wir also da abzogen, zog ich mit des Thalackers
zweyen Knechten in ein ander Ort, da begab es sich, daß
wir auch uf Leuth stieffen, die ihre Feind waren, do sich
dann der Handel so kurz zutrug und begab, daß ich und
sie, die Feinde unsere Arm=Brust nit ufbringen kunten,
aber des Thalackers Knecht, mit Nahmen Haselschwerd, und
sein Gesell führten stets ihre Stelle=Bogen, die für und
für gespannt waren, also, daß sie nicht mehr dann die
Pfeil darauf schlugen, da kam ich nun an einen Knecht,
der kunt auch nit, wie ich, zu seinem Arm=Brust kommen,

ober daſſelbig ufbringen, barum wir bann einander die Arm=Bruſt an Hals wurffen, unb mit ben Klingen zu= ſammen, aber ich ſchlug ihn vom Schwerb unb Arm=Bruſt, baß er kein Wehr mehr het, unb als ſich ein anber von meinen Geſellen reiß unb will ihnen entreiten, ſprengt ich hinzu, unb behielt benſelbigen auch, welcher auch nit mehr benn ein kurzen Degen het, unb er wehret ſich alſo bamit gegen beebe des Thalackers Knechte, verwunbt ſie auch alle beyb, baß ſie ihm nichts thun kunten, berhalben ich ben nechſten zu ihnen, unb ſaget, behalt ihr ben erſten, welchen ich allein erlegt het, unb laß mich an ben auch, ba ich nun an ihn kam, wolt er mir entweichen, aber ich erreit ihn, unb ſtach ihn mit bem Schwerb unter ben Gaul, alſo, baß ich ſie beyb behielt, barauf es bann Zeit wäre, baß ein jeglicher ſahe, wo er bleiben wolt, unb ich pacft mich an bie Ort, ba gute Geſellen unb Reuter nicht theuer, ſonbern wolfeyl waren, ſo machten ſich bes Thalackers Knecht auch hin, wo ſie mögten.

§. VI.

Um Sechſten, bes anbern Jahrs, bo man 1504. hat geſchrieben, fieng ſich ber Bayriſch Krieg an, unb zog Pfalz=Graf Philipps Löbl. Gebächtnuß, ehe ber Krieg anfieng, von Heybelberg herauf uf Würzburg, unb bar= nach hinauf in bas Bayerlanb, vielleicht in Gemüth unb Meynung baſſelbig einzunehmen, biemeil Herzog Georg Löbl. Gebächtnus allererſt geſtorben war, unb ihme bas Bayerlanb (wie ich nicht anberſt weiß) vermacht het, zog erſtlich auf Wertheim zu Graf Michaeln, ber zog mit Ihro Fürſtl. Gnaden uf Würzburg herauß, allba ſich begab, baß zween Pfalzgräfiſchen Grafen von Würzburg herauß ritten, gemeinet in ihr Heymat zu ziehen, bas warb Graf Bern= harb von Solms, unb ein Graf von Eiſenburg, unb war Cunz Schott auch zu Würzburg, unb wolt bes Pfalz= Grafen Feind werben, zog Herr Neibharb von Thüngen unb er mit einanber von Würzburg auß, unb gab mir Herr Neibharb ſein Knecht zu, ich ſolt uf ihne Conz Schotten warten, ber bann ber Zeit noch nit Ritter, unb

auch noch nit der Pfalz Feind war, aber ich kunt mercken,
daß ers werden wolt, und war sonsten kein Edelmann
darunter, dann ich und Göz von Thüngen, den mir Herr
Neidhard auch zu seinen Knechten zugabe, und da wir
nun ins Feld kamen, weiß ich nit, was Cunz Schott an
mir ersehen hat, er gab mir den gängsten und besten Gaul,
den er het, und verordnet seinen Knecht auch zu mir, daß
sie auf mich warten solten, und wiewol ich sagt, ich het
ein guten Gaul, und kunt bey den Leuthen bleiben, muſt
ich doch uf sein Gaul sitzen, so wehret ich mich auch deſſen,
daß seine Knecht uf mich warten solten, sondern ich wolt
uf sie warten, oder uf ihr einen, es wär, welcher es wolte,
die der Sachen beſſer verſtändig wären, dann ich, dann
er het feine Knecht, die Pfalzgräflich und Landgräflich gewesen waren, aber er beharret uf seinem Fürnehmen, und
muſten die Knecht uf mich warten, da ich nun zu meinem
Vetter Göz von Thüngen und seinen Reutern komm, hielten
wir lang beyeinander, und het er einen Menschen gehabt,
der die Rainen und Weg ein wenig gewüſt, (so viel ich
in einem viertel Jahr darnach erfuhre) wolten wir wol
etwas außgericht haben, daß zu der Sachen gedient hat,
aber es wolt nit allerdings recht thun, dann wie die
Straſſen ober uns hergieng, hielten wir nit mehr, dann
darunter herab uf einen Fuß-Pfad, und daucht mich, es
wäre nicht der Meinung, daß wir also darunter halten
solten, zog derohalben hinauf uf die Straſſen, und war
eben ein Schneelein gefallen uf dem Speßart, daß man
die Huffschlag wol sehen, und mercken kunt, und wie ich
nun uf die Straſſen komme, spührt ich derjenigen, derer
wir gewartet hetten, frisch, und sahe daß der Schaum, wie
die Gäul geschäumt hetten, noch da lag, und wie Conrad
Schott kommt, sagt ich ihm, da ziehen sie hinein, und ich
glaub sie seyn nit weit, dann der Schaum liegt noch da,
und es war auch also, aber er Herr Conrad Schott war
auch ein fauler Reiter, und wolte Nachts im Speßart
bleiben, war kaum 3. Meyl Wegs geritten, und konnt ich
ihn mit Noth und Angſt kaum wieder hinter sich bringen,
daß wir in ein Thüngisch Dorff kommen, und uf bißmal
nichts ausrichten konnten.

Darneben, als sich der Bayrisch Krieg in berührtem Jahr erhub, war ich noch bey meinem Vetter, Herrn Reidharb von Thüngen, und muft mit ihm hinauf in das Land Bayern, das mir nun hoch zu wider war, dann ich hette 2. Brüder, die waren Pfalzgräfisch und wäre auch gern uf der Pfalz Seiten gewesen, also zog ich mit Herrn Reidharden von Thüngen hinauf zum Marggrafen, der lag zu Roth mit seinem Heer, und nahmen wir ein den Hilberstein und andere Flecken mehr, so in die obern Pfalz gehören, deßgleichen die von Nürnberg säumeten sich auch nicht, aber Heydeck das hielt den Stich und ergab sich nit, da verordnet der Marggraf etliche Pferd in seiner Lands=Art gegen der obern Pfalz zu Roß und zu Fuß, und zog er mit seinen andern Reutern und Knechten, die er bey ihm hette, erstlich gegen Ingolstadt, und hernach gegen München zu Herzog Albrechten, da stiessen sie mit dem Hauffen zusammen, was Bündisch und Kayserlich war, und zog der Marggraf darnach mit etlichen Volck zu Roß und Fuß für Landau, und nahm es ein, da lag Herr Georg von Rosenberg mit etlich Reißigen und Böheimen darinn, und wiewol es ein faul Nest war, noch hielten sie dannoch etliche Tag, daß sie sich beschiessen liessen, darnach nahmen wir Brabuna ein, und zogen für Landshut, und hetten Händel und Scharmüzel genug, wo wir hin kamen, hetten auch zween harter Scharmüzel vor Landshut uf ein Samstag und Sonntag, da ich dann auch geschossen bin worden, und erlangten mir der Marggraf und meine Freund, daß mich mein gnädiger Fürst und Herr, Herzog Ruprecht, Löbl. Gedächtnus gen Landshut vergleiten ließ, daß ich mich darinn solt heilen lassen, aber ich blieb dieselbige Nacht, als ich geschossen ward, heraus für Landshut im Lager, und des andern Tags frühe in der Kühle, dann es war sehr heiß und eben in den Hunds=Tagen, das mir dann als einem Verwundten zu reisen sorglich und beschwehrlich war, zog ich fort, und ward zu Herrn Sigmunden von Thüngen verordnet, daß ich in sein Herberg solt fahren, und einkehren, und wuste nicht anderst, dann ich führe in dieselbig Herberg zu ihme, meinem Vettern, aber wie ich auß dem Lager herauß kam, uf

Landshut zu, nit weit von unserm Lager, als es noch
gar frühe war, da kam Christoph von Gieg, der uff Her=
zog Ruprechts Seithen war, und hette des Nachts Wacht
und Skart gehalten, und kam an die Skart=Leuthe, die
unser Haubt hinauß verordnet hette, da muß der Fuhr=
mann still halten, damit ich sahe, wie sie aneinander jagten,
biß in unser Wagenburg hinein, und het Christoph von
Gieg erfahren, daß ich geschossen und im Einherfahren
wäre, und bestellt, daß ich in sein Herberg fahren solte,
dann wir waren vor 2. Jahren bey einander gewest, in
der Nürnbergischen Schlacht, daß wir einander wohl
kannten, also wolt ich wehnen, ich führ in Herrn Sigmunds
von Thüngen meines Vettern Herberg, so kam Ich aber
zu ermeltem Christophen von Gieg, und thät Er mir war=
lich viel Guts, und erbot sich gegen mir, daß er mich nit
lassen wolt, ich sölt ihm nur sagen, waß ich gern hett,
und waß ich dörfft, wär es menschlich und müglich, so
wolt er sich nit spahren, und wolts überkommen, und sagt
mir auch darbey, ich hab noch Geld, daß meine Gesellen
nit wissen, und wann sie es wüßten, so liessen sie mir
keine Ruhe, und nannt mir die Summa und sagt, dir
will ichs nit verhalten, und kommen sonst viel andere mehr
Gesellen zu mir, also daß ich in 2. oder 3. Tagen nit
viel Ruhe hett, es war gleich ein Wallfahrt zu mir, und
kamen viel guter Leuth, die mich kennten und besahen,
wie mirs gieng, und kam auch sonderlich zu mir Herr
Georg von Rosenberg und Herr Georg Truchsäß von der
Au und viel grosser Hannsen mehr, die mich besahen, und
merckt ich so viel von ihnen, daß mein gnädiger Herr
Herzog Ruprecht selbs ein Mitleiden mit mir het, wie
wol ich mich wider ihn gesetzt, (wider ihn gewest war) und
kam auch ein guter Freund zu mir, der sagt, ich solt mich
anthun, daß ich ein wenig sauber leg, dann er het gehört,
Herzog Ruprecht Löbl. Gedächtnus, der würd zu mir
kommen, und würd mich besehen, wie ich dann thet, und
wart, da kommt aber wieder Bottschafft, die rothe Ruhr
hette Ihro Fürstliche Gnaden angestossen, wie dann wahr
gewesen, und Ihro Fürstliche Gnaden daran gestorben,
auch Christoph von Gieg und viel andere mehr bamahlen

an der rothen Ruhr verschieden, also daß GOtt der All=
mächtige ihr viel kurz mit einander von diesem Jammer=
thal genommen, da mir dann die Weil bey meiner Krandt=
heit auch nit sehr kurz geworden.

Wie ich aber damalen geschossen sey worden, das
hat diese Gestalt, ich thet als ein junger Gesell, der auch
gern ein Mensch wäre geweßt, und daucht mich auch, als
jung ich war, man muß mich auch einen Menschen und
guten Gesellen seyn lassen, und wie wir demnach am Sonn=
tag vor Landshut, obgehörter massen wieder scharmützelten,
da richten die von Nürnberg das Geschütz in Feind und
Freund, und hielten die Feind also in einem Vortheil an
einem Gräblin, daß ich gern mein Spieß mit einem zer=
brochen hätte, und wie ich also halt, und sahe nach dem
Vortheil, so haben die Nürnbergischen das Geschüz in unß
gericht, in Feind und Freund, wie vorgemelt, und scheußt
mir einer den Schwerd=Knopf mit einer Feld=Schlangen
entzwey, daß mir das halbe Theil in Arm gieng, und
drey Arm=Schienen damit, und lag der Schwerd=Knopf
in Arm=Schienen, daß man ihn nit sehen kunt, also,
daß mich noch wundert, daß es mich nicht vom Gaul
herab gezogen hat, dieweilen die Arm=Schienen ganz blieben,
dann allein die Ecken, wie sie sich gebogen hetten, gieng
noch ein wenig herauß, aber der Schwerd=Knopf lag wie
gemeldt, in Arm=Schienen drinnen, das andere Theil des
Knopfs und die Stangen am Schwerdt=Heft hett sich ge=
bogen, war aber doch nit entzwey, daß ich gedenck, die
Stang und das andere Theil vom Knopf hab mir zwischen
dem Handschuh und dem Arm=Zeug die Hand herab=
geschlagen, also, daß der Arm hinten und vornen zer=
schmettert war, und wie ich so das siehe, so hengt die
Hand noch ein wenig an der Haut, und leit der Spieß
dem Gaul unter denen Füssen, so thet ich eben als wäre
mir nichts darum, und wandt den Gaul allgemach um,
und kam dennoch ungefangen von denen Feinden hinweg
zu meinem Hauffen, und wie ich ein wenig von den
Feinden hinweg kam, so laufft ein alter Lands=Knecht
herab, und will auch in den Scharmüzel, den sprich ich
an, er soll bey mir bleiben, dann er sehe, wie die Sachen

mit mir geschaffen wär, der thets nun und blieb bey mir,
muſt mir auch den Arzt hohlen, und nachdeme ich gen
Landshut kame, ſo ſagten mir meine alte Geſellen, die
wider mich im Scharmützel waren geweſt, wie ich geschoſſen
wär worden, und wär ein Edelmann Fabian von Wallß=
dorff, ein Voitländer mit mir auch in einem Schuß ge=
ſchoſſen worden, und blieb er tod, wie wol mich der Schuß
vor traff, daß alſo Freund und Feind mit einander Scha=
ben nahmen, und war derſelbig ein feiner hübſcher Geſell,
als man unter tauſend kaum einen ſo geraden Menſchen
finden ſolte, ſie ſagten mir auch darbey, was ich zween
Tag den Samſtag und Sonntag gethan und gehandelt,
und zeigten mir alle Wahrzeichen an, was ich für ein
Haubt=Harniſch, und wie ich ein Gaul gehabt, und was
ich gehandelt hette, daß ſie es eben ſo wol wüſten als ich,
wie und was ich mich die zween Tag gehalten hett.

Und von der Zeit an, am Sonntag nach St. Jacobs=
Tag, da bin ich zu Landshut gelegen, biß um Faßnacht
auſſen, was ich die Zeit für Schmerzen erlitten habe, das
kan ein jeglicher wol erachten, und wäre das mein Bitt
zu GOtt, die ich thet, wann ich in ſeiner göttlichen Gnad
wäre, ſo ſolt er im Nahmen GOttes mit mir hinfahren,
ich wäre doch verderbt zu einem Kriegsmann, doch fiel
mir ein Knecht ein, von dem ich etwann von meinem
Vatter ſeel. und alten Knechten Pfalzgräfiſchen und Hohen=
lohiſchen gehört het, welcher der Köchle geheiſſen, und
Herzog Georgens von Bayern Feind geweſt iſt, der hette
auch nit mehr dann ein Hand gehabt, und hette eben
alſobald ein Ding gegen Feinden im Feld ausrichten können,
als ein anderer, der lag mir im Sinn, daß ich GOTT aber
anrufft und gedacht, wann ich ſchon zwölff Händ hette,
und ſein Göttliche Gnad und Hülff mir nicht wohl wöllt,
ſo were es doch alles umſonſt, und vermeint derenthalben,
wann ich doch nit mehr dann ein wenig ein Behelff hette,
es were gleich Eine Eiſerne Hand, oder wie es wäre, ſo
wolt ich dennoch mit GOttes Gnad und Hülff im Feld
noch irgend ſo gut ſeyn als ſonſten ein heilloſer Menſch,
ich bin auch ſeithero mit deſſelben Köchles Söhnen ge=
ritten, die redlich und berühmt Knecht geweſen.

Göz von Berlichingen.   3

Und nachdem ich nun ſchier ſechzig Jahr mit einer
Fauſt Krieg, Vehd und Händel gehabt, ſo kan ich war=
lich nicht anderſt befinden noch ſagen, dann daß der All=
mächtig, Ewig, Barmherzige GOTT wunderbarlich mit
groſſen Gnaden bey und mit mir in allen meinen Kriegen,
Vehden und Gefährlichkeiten geweſen. Mehr hat ſich im
Land Bayern begeben, daß unſern Haubt=Leuthen (die der
Zeit über St. Georgen Fahnen verordnet waren, als nem=
lich Herr Neidhard von Thüngen und Herr Wilhelm Mar=
ſchalck von Pappenheim, und wann der eine heut Haubt=
mann war, ſo war der ander Morgen, ein Tag um den
andern) ein Kundſchafft im Feld zukäme, als ſolten 2.
Fähnlein Knecht gen Neuenmerckla, das nit weit von Bey=
ratingen, im Lants Beyern leit, die waren Feind, hinein
ziehen, darum die Haubt=Leuth ſagten, wer Luſt dazu hat,
ſie anzugreiffen, die mögten ſich ausſchieſſen, das geſchahe,
und war ich auch ſelbſt einer, und ſchoſſen freylich ein
Pferd oder anderthalb hundert aus, warlich gute redliche
Geſellen, wie mich daucht, und ich glaub, wir wären bey
einander blieben tob und lebendig, und wie wir alſo da=
her ziehen durch einen zimlich groſſen Wald, da gieng
gleich der Abend her, und wie ich bey den Vortreibern
war, ſo erſiehe ich Leuth von Unß hinweg fliehen, und
ich den nechſten ſazt an ſie im Wald, und erreit zween,
die behielt ich bey meinen Händen, und waren Bauers=
Leuth, waren aber doch Feind, und muſt alſo uf jeblicher
Seiten ihr einer bey mir bleiben halten, biß die andern
herzu kommen, ſo kommt aber ein junge Gecks=Naſe,
närrichter dann ich, der ließ denn einen Bauren bey mir
halten, und ſchlug ihne gar übel, nun war niemand da,
dann ich, die zween Bauren, und der ſo den Bauren ſchlug,
und ich laß die Bauren halten, und an ihn, und ſchmierten
einander, und wie ich ihn fragt, was er mir den gefan=
genen Bauren halten thet, und warum er ihn ſchlüg, gab
er mir etliche böſe Wort, da ſchlug ich ihn gleich gnug,
indem ſo kommt Georg von Fronſperg, der war noch nit
Ritter, mit etlich Reitern auch darzu, und ruckt mit ſeinen
Reitern ungefehrlich um 20. oder 30. Pferd um mich her=
um, und wolt haben, wir ſolten beede zum Frieden ge=

loben; Mein Geselle, den ich geschlagen hett, der gelobt
bald, ich aber wolt es nicht thun, und sagt, warum schlägt
er mir diese meine Gefangene, warum fengt er nit selbs
ein, und auch weiter sagt zu demselbigen, wann du mir
noch einmal einen Gefangenen schlagen woltest, ich wolt
es nicht von dir leiden.

Da ruckten Herr Georg von Fronsberg und andere
um mich herum, der eine hett ein Pfeil uf dem Arm=Brust,
so waren die andern auch gerüst, und hielt ich unter ihnen,
als wie ein wildes Schwein unter den Rüeben, in Summa,
ich wolt die Gelübb nit geben, sondern ich blieb auf meiner
hievorigen Red, dann es war schon ganz dusel daß es
Nacht war, und hette mir fürgenommen, wann sie Hand
an mich gelegt hetten, so wolt ich mich durch sie schlagen,
und sagt doch dabey, daß ich nichts gegen ihn bey meinen
Edelmanns Trauen und Glauben wolt fürnehmen, Er hub es
dann mit mir am ersten an, hub er aber mit mir an, so wolt
ich ihne als übel schmieren, sein Leib must ihn reuen, oder er
must mirs thun, darbey liessen sie mich bleiben; Indem zogen
wir wieder an, und kamen weit in die Nacht meines Behalts
gen Braunau hinein, des Morgens schickt mir Herr Georg
und sein Hauff ein Botten, ich solte zu ihme kommen, und
wie ich kam, sassen sie und truncken Reinfal, hetten die
Bauren geschäzt, und Reinfal darum gekaufft, ich thet nun
auch ein trunck, und sagten sie zu mir, ich solt niedersitzen
und mit trincken, aber ich gieng gleich den nechsten wieder
von ihnen hinweg, und tranck nicht weiter, denn ich hette
sonst auch ein Geschäffte. Solch Articul zeig ich darum
an, dann Hr. Georg und Franciscus von Sickingen, seyn
mir allhier zu Gefallen, um der Ursachen willen, das die
von Heilbronn mir nit Ritterliche Gefängnuß, wie sie
mir zusagten, hielten, und wolten sie beede kurzum haben,
daß mir Ritterliche Gefängnuß, wie mir zugesagt war,
gehalten werden solt, und hielt sich meinethalben gar wol,
daß sich die von Heilbronn müsten verschreiben, mir Ritter=
liche Gefängnuß zu halten, so lang es wehret, wie ich
dann dieselbige Verschreibung noch bey meinen Handen
hab, und des Nachts kommen sie in mein Stüblein zu
mir, in des Diezen Herberg, und waren ihrer viel, daß

fie nicht alle fitzen kunten, fondern muften das mehrer
Theil ftehen, nun zechten wir und waren frölich, da ge-
denckt Herr Georg der obberührten Leuthe, und fagt,
Schwager Göz, weift du auch, daß wir einmal ein Beuth
mit einander gewunnen haben im Land Beyern, da fagt
ich, ja ich weiß wol, fagt er daruf, du wolteft zeitlich zu
einer Neffel werden, dieweil er fich nun bey mir fo ritterlich und wol bey mir hielt, fo wolt ich mich auch nicht
weiter mit Reden gegen ihn einlaffen, er hat fich auch
gegen mir feithero immer wol gehalten.

Weiter trug fich darnach zu, daß ein Böhämifcher
Herr, der Cron Böhaim Feind ward, des nahm fich an
Hannß von Selbiz, ich und andere guthe Gefellen mehr,
und wolten ihme in feiner Sachen dienen und behülfflich
feyn, und erfuhre darauf von Stund an, daß die reichfte
und befte Herren die über die Cron Böhaim regierten
(dann es war damahlen gar ein junger König, der nicht
regiert) an etlich Orthen durchziehen folten, da machten
wir nun Kundfchafft über fie, daß fie feit der Zeit in
Niederland waren gewefen, und wuften wol, daß fie wieder herauf ziehen würden, auch wer fie waren gewefen,
und in der Cron Böhaim der Zeit regierten, und war ich
darzu verordnet, daß ich folt hinab reiten mit etlich Knechten
die wiffend wären, als ich die Wahl hett, und reit freylich 3. oder 4. Wochen biß ich die Kundfchafft allenthalben
einnahm, wo wir nemlich fie angreiffen wolten, und waren
die Reuther fchon beworben und kam Kundfchafft, daß fie
daher zogen. Nun hatte Philipps Sturmfeder feel. mir
und meinem Bruder Philipps feel. gefchrieben, wir folten
bey ihme zu Heydelberg feyn uf einen Tag, und folten
etlich gute Gefellen, fo viel wir könnten, mit unß bringen,
und bey ihm uf den Tag ftehen, das thäten wir nun und
reit mein Gefell Hannß von Selbiz und mein Bruder
Philipps feel. auch andere mehr, und der Herr, fo der
Cron Böhaim Feind war, felbs auch mit gen Heydelberg,
doch als ein Unbekannter, und waren viel in der Herberg
zum Hirfch, die machten ihre Waffen, und das thöricht Herrlein, fo der Cron Böhaim Feind war, hett fein Waffen
auch gemacht, daß ich nun und mein Hauff nichts darum

wuſten, und wie wir zu Heydelberg hinweg kamen und
getagleiſt hetten, da kamen die Böheimiſchen Herren, welche
die Cron Böheim regierten, auch dahin, und waren alſo
ungefehr heraus gangen, uf den Marckt zu ſpazieren, und
als ſie über ſich geſehen, hetten ſie der Waffen, die man
angeſchlagen hett, wahrgenommen, und darunter des Bö=
heimiſchen Herrn Waffen auch geſehen und gekennt; Dar=
auf dann ein Ufruhr ward, und lieffen ſie den Pfalz=
Grafen an um Glaibt, und gab man ihnen Reuter zu,
und verglaibt ſie mit Gewalt hinweg, und verderbt alſo
das gute Herrlein den Anſchlag mit ſeinen eigenen Waffen,
daß er nichts mit ſeinen Feinden ausrichten konnt, ſonſten
wäre es ohne Zweiffel zu einem guten Frieden und Ruhe
gekommen: Und nachdeme mir ſein Nahme entſuncken und
vergeſſen iſt, ſo wird man freylich ſein Waffen noch in
der Herberg zu Heydelberg zum Hirſch finden, wiewol ich
es für ein gutes frommes Herrlein hielte, ſo daucht mich
doch, es wäre noch ein junger unſchulbiger Feind und wäre
noch nit wol bericht im Handel, hett aber gute Schul=
meiſter bey ihme, ſo hab ich ſeithero hören ſagen, es ſey
mit der Cron Böheim gericht und vertragen worden.

Weiter iſt auch wahr, daß uf ein Zeit Ulrich Beck,
ſo ein Burger und Viehetreiber zu Kizingen geweſen, und
der Zeit hinter Marggraf Friderichen Löbl. Gedächtnus
geſeſſen, ein wohlhabender Mann, der hett ein Weib, welche
zuvor auch ein Mann gehabt hätte, mit Nahmen von dem
Geſchlecht Seyboth, dieſelbige Frau hette einen Sohn, der
hieß Philipps Seybutt, nicht weiß ich, wie ihr Mann mit
dem Tauff=Nahmen geheiſſen hat, derſelbig Philipps Sey=
butt ward Herrn Neidhards von Thüngen Knab, nun bat
mich Ulrich Beck ſein Stief=Vatter, und der Philipps
Seybutt der Stief=Sohn ſelbs, als er gleich das Harniſch
anthun ſolt, daß ich ihn gegen den Waldſtrommern, ſo zu
Nürnberg ſitzen und von Abel ſind, hülfflich und räthlich
ſeyn ſolt, und zeigten mir an, wie die Waldſtrommer ihnen
Gewalt und Unrecht eines Erbs halben theten, und waren
der Hoffnung, wo ſie ſich nicht güthig mit ihnen vertragen
konnten, daß ſie Weg ſuchen, und dermaſſen mit dem Ernſt
gegen ihnen handeln wolten, damit ſie einen guten Vertrag

erlangen mögten; so gab ich ihnen darauf diese Antwort:
Mein gnädiger Herr, der Marggraf Friderich 2c. hette
mich erzogen, wo sie dann gütlich Verhör zu Recht und
Billigkeit für Ihre Fürstliche Gnaden leiden mögten, wolt
ich ihnen meines Vermögens hülfflich und räthlich seyn,
und an müglichen Fleiß nichts erwinden lassen, darauf
wir der Sachen weiter nachgedacht, und den Anschlag ge=
gemacht, daß wir die Waldstrommer in kurzer Zeit nach
unserer Abred im Nürnberger Wald fiengen und nieder=
wurffen, als sie nemlich in ihrer Dörffer eins fahren wolten,
und geschahe am Morgens zimlich frühe, wolten daselbst in
ihrem Dorff eines Meß hören, und war auf St. Matthäus=
Tag, und waren ihr der Waldstrommer 2. Brüder, und
hätte der ein einen hübschen jungen Sohn bey ihm, der
bat freundlich, wir solten sein verschonen, wie ich auch
thät, und fuhren mit den 2. Gebrübern dahin, und zogen
Tag und Nacht biß wir sie gen Jagsthaußen brachten, da
schlugen sich des Marggrafen Räth in die Sachen, ver=
tagten unß und die Waldstrommer gen Onoldsbach, da ich
dann selbs als ein Helffer mit geritten bin, mit samt
einem guten Freund oder 2. Wie es nun zum Reden
kam uf den Tag, nahm sich der Marggraf der Wald=
strommer an, mit Fürgeben, sie wären Ihrer Fürstlichen
Gnaden Diener, als wie dann nit ohn mag seyn, dann
sie hätten einen erblichen Dienst vom Marggrafen etlicher
Wäld halben, so der Marggraf um Nürnberg hett, und
wie wol der Ulrich Beck des Marggrafen Hindersaß war
zu Kizingen, und sie die Waldstrommer Ihrer Fürstlichen
Gnaden Diener, so machten doch des Marggrafen Räth
einen Vertrag zwischen den 2. Partheyen, also daß die
Sachen hingelegt und vertragen wurd, weiß aber nit, was
mir von solchem Vertrag vor mein Person worden ist,
doch hat mir der Ulrich Beck etwas geben, kan aber nit
wissen wie viel, und dieweil ich soweit in die Handlung
kommen bin, so hab ich solches in diesem meinem Schreiben
auch nicht unangezeigt wollen lassen, sonderlich weilen er=
melter Philipp Seubut, als ob laut, meines Vettern seel.
Bub und Diener gewesen.

§. VII.

Zum Siebenden, nach dem Bayrischen Krieg bin ich und andere mehr von Adel, und andere gute Gesellen bewegt und erbetten worden, von eines wegen, der hat der Meütterer geheissen, der war der von Rotenburg Feind, und hat ihme mein Vetter Wilibald von Thüngen sein Hauß eröffnet zum Reüssenberg, dessen nahmen ich und andere mehr meine gute Freund und Gesellen uns an, daß wir ihm ein Reiß oder zwey dienten, aber es schlug sich mein gnädiger Fürst und Herr von Würtzburg Bischoff Lorenz Löbl. Gedächtnus in die Sach, und vertrugs, und wie wol ich und andere meine gute Freund und Gesellen des Sinnes waren, demselbigen Meütterer weiter verhülfflich zu seyn, und unß auch verwahrt wolten haben, wie dann die Brief schon gemacht wären, so wurd es doch mit der Hülff GOttes und des frommen Bischoff Zuthun zu Würtzburg, wie gemeldt, vertragen, daß wir weiter nachbendens dessenthalben nicht bedörffen.

§. VIII.

Zum Achten, des andern Jahrs darnach schrieben mir etliche meiner guten Freund Herzog Ulrichs von Würtenberg Hof=Gesind, und war sonderlich mein Schweher Reinhard von Saxenheim seel. einer, und baten mich von eines wegen, der hieß Hannß Sindelfinger, und war seines Handwercks ein Schneider, und ein guter Ziel=Schüz mit der Büchsen, der war zu Stuttgard daheim, und hat zum Ziel geschossen zu Cölln, und war, wie ichs behalten, 100. fl. das Beste gewest, das gewann er, aber die von Cölln hetten ihn darum betrogen, und wolten ihme nichts geben, so hat er vielleicht solches den Hof=Junckern zu Stuttgard gesagt, und geklagt, da schrieb mir mein Schweher Reinhard von Saxenheim seel. wie gemeldt, von seinet= und andern Hof=Gesinds wegen, und baten mich, ich solte mich seiner annehmen, das ich nun thet, und wurden der von Cölln Feind, und wurffen ihnen 2. Burger, die waren Kauffleuth, ein Vatter und ein Sohn, nieder, darnach trug sich kurz zu, daß 9. Wägen von

Franckfort herauf fuhren, die waren Cöllnisch, und stieß
ich selber allein auf sie, und hett meinen Knecht und Reuter
nicht weit davon, zog derohalben hinauf gen Cronberg
zu meinem guthen alten Philippsen von Cronberg, der
etwann ein Marschalck zu Heydelberg ist gewest, desselbigen
Rath hätte ich, und er gab mir Erlaubnuß, ich solte die
Wägen und Güther hinauf führen gen Cronberg, da daurt
mich aber sein, dieweil er kranck und alt war, daß ich
ihme solte also erst ein Unruhe machen; dieweil aber mein
gnädiger Herr von Königstein mir ganz ein gnädiger Herr
war, wolte ich sie auch nicht gern uff ihrer Gnaden
Straßen angreiffen, sondern uff einer andern, die an Ihrer
Gnaden gränzt, |und schickt demnach ein Knecht zu Ihrer
Gnaden, mit Namen Caspar Sinnwurm, der solt Ihr
Gnaden anzeigen, daß ich Ihro Gnaden verschonet hett,
und doch Willens wär, dieselbige Güther an einem andern
Orth anzugreiffen, da Ihr Gnaden kein Straß oder Glaidt
hetten, und thet es darum, ob irgend ein Geschrey käm,
daß ich Ihre Gnaden, wie ich dann mein Vertrauen zu
dero hett, auch wusten sich desto baß gegen mir zu halten,
aber Ihro Gnaden entbothen mir wieder bey demselbigen
Knecht Caspar Sinnwurm daß ich solt Ihro Gnaden zu
Ehren und Gefallen jetzt zumal abstehen, (übersehen) und
ermahnet mich so hoch und gnädiglich, daß ich die 9. Wägen,
die da hielten, wieder fahren ließ, und erbothen sich Ihre
Gnaden, sie woltens in einem andern wiederum herein=
bringen, und in Guten und Gnaden nimmermehr gegen
mir in Vergeß stellen, wie dann geschehen, und Ihre
Gnaden sich auch nachfolgends in die Sachen schlug, und
ein Tag gen Franckfurt zwischen mir und denen von Cölln
ansetzten, da wir dann solches Kriegs und Vehd endlich
vertragen und verglichen wurden.

Weiter aber, wie es mir mit denen 2. Kauffmännern,
die ich gefangen hett, ergangen, baten sie mich, ich solt
ihr einem erlauben, gen Leipzig zu ziehen, daselbst hätten
sie ihre Waar und Güther, und kunten sonst weder ihnen
noch mir helffen, das thät ich, und behielt den Sohn, die=
weil der Vatter alt war, dacht ich der Sohn kan die Ge=
fängnuß besser leiden, und macht nun eine Verschreibung

mit ihme, und gab ihm felbs mein Rath und alle Wahr=
zeichen, wie er fich halten folt, und hett nit anderft ge=
bacht, feinem Globen und Schwören nach, auch feiner
Handfchrifft, die er über fich gab, er würde feinem Sohn
und mir Glauben halten, wie dann billig geweft, und
gab ihm den Rath, er folt mit den Kauffleuthen, fie wären
Nürnbergifche oder wer fie wären, von Leipzig herauß
ziehen, uff Coburg und Bamberg zu, da komme er ficherer
herauß, und gab ihm auch mein Handfchrifft und meinen
Buben, und band ihm ein in fein Gelübb und Pflicht, in
welche Herberg er ziehen folt, und wann er den Buben
fehe, und ihm das Zettele gebe, das feinem gleich wär,
fo folt er frölich mit ihm reuten, und würd alßdann bald
bey mir feyn, wolte ich ihn wiederum zu feinem Sohn
führen, oder fein Sohn zu ihm fchicken, und ließ ihn auch
vorhin den Buben wol befehen, und gab ihm allen Be=
fcheid, aber er wurde treuloß und meyneybig an mir und ●
an feinem Sohn, und verriethe mir den Buben, daß ihn
der Bifchoff von Bamberg, fo Georg von Limburg gewefen,
eingelegt, da wartete ich lang, wann er und der Bub
käm, aber der Bub hielt fich fo gefchicklich, daß ich es
kaum hinter ihm gefucht oder ihme anvertraut hätte, Ur=
fach deffen ift, dann wir zogen uff einmal von der Neuen=
ftatt an der Ayfch herauß, und neben Höchftätt fo des
Bifchoffs von Bamberg ift, nit weit davon, da leith ein
Holz, und ich fagt ungefährlich zu dem Buben, da wäre
eine guthe Haltftatt, wann du einmal ein Reuter wirft,
daß du es auch wiffeft, und zog alfo an den Orth, da
ich hin wolt, nit weit von Bamberg, das hette der Bub
gemerckt, und alß ich gen Bamberg in die Herberg, da
der Kauffmann hinkommen folt, verfchickt, mit Befehl, waß
er allda verrichten folt, aber der Bub wurd darob, wie
gemeldt, verrathen, gefangen und eingelegt, und hett man
kurzum von ihme wiffen wollen, wo ich wäre und wo er
zu mir kommen folt, da hette der Bub gefagt, es leith
ein Holz nit weit von Höchftätt da hette er mich hin=
befchieden, und führet ich eben zu derfelbigen Zeit fchwarz,
dann mein Mutter feel. war gleich in kurzen Tagen davor
geftorben, und thäten fie um deßwillen einem andern Buben

die schwarzen Kleider an, und setzten ihn auf den Gaul, darauf mein Bub gesessen war, und liessen ihn dem Holz zu ziehen, und zogen die Bambergische Reuter hinden hernach, und vermeinten, sie wolten mich da finden, wie der Bub gesagt hätte, allein es fehlet ihnen, und hette der Bub allein ein losen Possen damit gemacht, und ihnen das Blatt gesteckt, daß sie darob irre geritten wären. Als ich nun erfuhr, daß der Bub eingelegt worden, schrieb ich dem Bischoff von Stund an, er solt mir den Buben ohne alle Entgeltnus wieder ledig lassen, dann ich hett mich der Untreu gegen ihne nit versehen, sonderlich uff das Ansprechen, so er zu Schweinfurt ihme eine Reiß zu bienen gegen mir gethan hette, und wo es nit geschehe, müst ich Nachdenckens haben, wie ich mein Buben wieder ledig macht. Da vertagt er den Buben von Pfingsten an biß uff Michaelis, daß er sich uff selbige Zeit wieder
• stellen solt, indem aber erfuhr ich, daß er der Bischoff von Bamberg gen Göppingen in Sauerbronnen ins Wildbad geritten war, und wolt baden für den reissenden Stein, so hett ich es guth im Sinn, ich wolt ihm das Bad gesegnet und ihne ausgerieben haben, und hat mich schon zum Handel geschickt und beworben, und befahl einem, denn ich sonderlich vertraut, und ihme nichts verhielt, der sich auch deucht aller Reuther Mutter seyn, daß er mir auch etlich Pferd solt bewerben, wie er dann thet, aber alß derjenig, bey deme er geworben hat, gefragt, wer ist der, welchen du bewirbest, und welchen trifft's an, uff welches er ihnen allen meinen Anschlag hett eröffnet, und vielleicht den Bischoff von Bamberg selbs genannt, das war nun nicht redlich von ihme, und hette ihm doch derjenig, den er geworben, zugesagt, er wolt mir dienen, aber über das alles reit derselbe, den er geworben, und alle Ding gesagt und vertraut het, zu dem Bischoff gen Göppingen, und warnet ihn, daß ich nichts mehr kunte ausrichten, sondern war all mein Anschlag gar verderbt und verlohren, und wann ichs gewußt hätte, daß die Verrätherey vorhanden wäre geweßt, so wolt ich des Bischoffs leiblichen Bruder niedergeworffen haben, der dann gewiß mein war, (GOtt wolte es dann sonderlich nit gehabt

haben) so zog ich von Jachsthaußen auß auf Creylsheim,
darnach der Filßen zu, zu meinen Freunden, denen von
Rechberg, und wie ich zu Schwäbisch Gemünd hindurch
ziehe, war es gegen den Abend, und reiten etliche Reuther
die Gäul aus der Wäid über den Kasten und tränken;
nun zog ich forth neben ihnen her, und siehe, daß sie die
Bambergische Farb hetten, und sagt zu meinen Reuthern,
ziehet hin, ich will bald bey euch seyn, und, reit zum
Kasten zu, und grüßt der Reuther ein, und fragt alßbald,
weß die Pferd waren, da sagt er mir Schenck Friderich
von Limburg, das war des Bischoffs Bruder, ich versahe
mich aber nit, daß die Verrätherey vom Bischoff vorhanden wäre, oder daß er gewarnet wäre worden, ließ also
den Bruder auch auß den Handen, und saß, wie man
sagt, zwischen zweyen Stühlen nieder, und hett mich übel
gereut, daß ich den Bruder von mir gelassen hette.
Und nachdem Schenck Friderich von Limburg ein redlicher Herr war, so war ich des Sinns, daß ich ihne nicht
wolt hinweg geführt haben, sondern wolt ihn in seine
eigene Behausung betagt haben, der müßt mir ein Frieden
gemacht haben, gegen seinen Bruder den Bischoff von Bamberg, dieweil mir nun die zwo Schanzen umschlugen,
seyert ich doch nicht, und wurff dem Bischoff ungefehrlich
in 8. oder 10. Tagen darnach einen Bunds-Rath und
einen einspännigen Reuther nieder, und macht daburch
mein Buben wieder ledig, und wurd durch Herzog Ulrich
von Würtemberg ein Frieden zwischen mir und dem Bischoff von Bamberg auch uffgericht und die Sach verglichen.
Ferner aber liehe ich uff eine Zeit meinem Bruder
Philippsen von Berlichingen seel. zween Knecht, die stießen
ungefährlich uff Philipps Stumpfen zwey Söhne, und
hätten nichts mit denenselbigen zu schicken oder zu schaffen,
und hätte der eine Sohn eine Büchse und der andere ein
Schwein-Spieß, und waren zu Fuß, waß sie gethan hetten,
das weiß ich nit, und der eine Sohn, der ward ein halber
Stumpp, dann sein Vatter hette ihn mit einer Dirnen
erzeugt, wie nun solche beede meinen Knechten zu ziehen,
wie sie gedachten, in allem Guthen, alß Leuth, die nichts
mit einander zu thun haben, hetten auch, wie sie mich

berichtet, nit in Willen gehabt, etwas im Argen gegen ihnen denen Stumppen fürzunehmen, ihre Pfeil nit uff= bracht, noch sich etwas gefährlichs besorgt, sonst würden sie sich wol besser und anderst darzu geschickt haben; Aber dessen unerwogen, so hett der eine Stumpp, so mit Nahmen Friberich geheissen, uff meine Knecht mit dem Hand=Rohr abgeschossen, und den einen durch beede Arm getroffen, da gebührt nun ihnen auch zu thun, waß darzu gehört, und fieng der Knecht, so geschossen ward, den der ihn ge= schossen hett, unangesehen, daß er so hart verwunbet und geschossen war worden, und wurd der anber Stumpp mit dem Schwein=Spieß durch meinen Bruder Philippsen und die andern auch gefangen, welche auch beede in Glübt genommen, und folgends zu Thomeneck selbs eigener Per= son gemahnet wurden, aber sie blieben auß, vergaßen ihrer Pflicht, und wurden also treuloß und meyneybig, und hätten sie sich gestellet, wie dann billig beschehen seyn solt, so wolten wir guthe Freunde geweft seyn, und die Sachen vereinigt und vertragen haben, und wär niemand kein Nachtheil oder Schaden darauß entstanden, aber über das fuhr ihr Vatter zu, ohnangesehen, daß seine Söhne er= zehlter massen bey gefangenen Leuthen, und wie gemelt, treuloß und meyneybig waren, und verbrannt unß heim= lich und unverwarnt ein Hoff und eine Mühle. Nun hett ich aber gern andern meinen Feinden damalen nachgetracht, als sonderlich denen von Cölln, Bischoffen von Bamberg und andern, die mir Ursach darzu gaben, und verhinderten mich also die heillosen Leuthe, daß ich auch must ihnen nach trachten und mich wehren, wie mir dann Warnung zu kommen, daß der alt Stumpp Gewerb hätte, welches ich erfahren wolt, und hielt vor Thomeneck, da kamen 5. Pferde, die hinein zum Stumppen wolten, unter denen ich die 4. niederwurff und blieb einer tobt, und wie wir sie erritten, dacht ich sie wären alle 5. bey einander, aber mitten im Haart=Häuser Wald hätte sich der eine von ihnen gethan, und glaube, wann ich gewust hätte, so wolten wir ihne auch behalten haben.

Ferner aber so viel die von Cölln anbelangt, nahm sich mein Herr von Hanau ihrer Gefangenen an, und sagt, sie

wären in seinem Gleidt, wie dann auch ein Hanauischer
Gleidsmann bey ihnen war gefangen worden, aber die von
Hutten wolten, es wäre in ihrem Gleidt beschehen, da muſt
ich mein Abendtheuer auch gegen ſie verſuchen, und kam alſo
damit in 5. Bhedt, die alle aus einer hergefloſſen, und
hätte ich meine Reuter auf eine Zeit funden, wie ich ſie
beſchieben hett, ſo hett Herr Frowin von Hutten mein
Gefangener ſeyn müſſen, dann ich ihne niedergeworffen
haben wolt, denn er mir des Gleidts halben nachgetrachtet
hett, auch etlich Drau=Wort getrieben, und erfuhr ich, daß
ihn der Biſchoff von Maynz (deſſen Marſchalck er war)
gen Erfurth geſchickt hett, nun ritt ich ſelbs mit einem
guten vertrauten Knecht, der mir lieb war, und auch der
Lands=Arth wohl wiſſend, hinein nahe bey Erfurth, zu
einem guten Geſellen und Freund, und macht mein Kundt=
ſchafft, wann er von Hutten uf ſeyn wolt, da wolt ich
auch alſobalden angezogen ſeyn, und ihne, wie ich meine
Sachen angeſchlagen hett, ehe er gen Sallmünſter kommen
wäre, niedergeworffen haben, aber ich funde meine Reuter
nit, wie ich ſie beſchieben hett, und war alſo das Spiel
uf bißmal verlohren, wie ich nun vernahm, daß er ſchon
gen Sallmünſter kommen wäre, hielt ich dennoch 2. oder
3. Tage vor ihne, aber ich kunt nit wiſſen, wann er uf
wolt ſeyn, dann er war daſelbſten daheim, ſo kunt ich
auch nit länger in derſelbigen Lands=Arth bleiben, und
muſte alſo wiederum ungeſchaffter Dingen davon ziehen; zu
dem ſo wär mir ermelter von Hutten ein lieber und naher
Freund, gegen den ich auch, weil er ein waiblicher Ritter
war, nit wolt ernſtlich gemeint haben, ſondern gedacht allein,
ich wolt ihne darnach gefragt haben, wann er uf mich ge=
ſtoſſen wär, und hette es beſſer gehabt dann ich, wie und
weſſen er ſich gegen mir gehalten haben wolte, hett er geſagt,
wie er ſich vor hett hören und vernehmen laſſen, ſo wolt ich
ihn in Ritterlichen Glübb genommen haben, hett er ſich
aber laſſen hören, er wolt ſich Vetterlich und freundlich
und nit ernſtlich gegen mir gehalten haben, ſo wolt ich
ihne auch alſo gehalten und lebig gelaſſen haben, das war
mein Sinn und Gemüth gegen ihne, aber es gieng, wie
gemeldt, hinder ſich.

§. IX.

Um Neunbten, so habe ich noch ein Handel mit dem Bischoff von Bamberg gehabt, welcher hat die Gestalt: Eustachius von Thüngen, mein Vetter, der würd des Bischoffs von Bamberg Feind, und wurff Ihme 2. Franckfurther Schiff nieder uffm Mayn, da zog ich ungefehrlich von dem Westerwald herauf, dem Lands Francken zu, daß ich nichts wust von der Reuterey, dann ich war eben noch der von Cölln Feind, daß ich meiner Schanz selbst must warten, und kam in ein Thüngisch Hauß, war gleich müdt, und freylich in 16. Tagen kein Nacht nicht gelegen, da ich die andere gelegen war, fragt doch mein Vetter Eustachius von Thüngen, was das für eine Reuterey wäre, da sagt er, wie er wolt den Bischoff von Bamberg angreiffen. Nun war ich zuvor zweyfach am Bischoff gewesen, und derenthalben unangesehen, wie müd ich war, so zog ich doch mit ihme von Thüngen, und waren beede zu Nacht auf, und wie wir mit denen Reutern zusammen kamen, so kommt meinem Vetter Eustachius ein Schreiben im Feld zu, daß ich an ihme merckt, daß er gern abgelassen hett, und als solten die Würzburgischen Reuter mit den Schiffen herauf ziehen. Nun er hett mein Rath auch, da sagt ich, er mögte thun, was er wolt, wenn es aber mich angieng, so wäre das mein Rath, und sagts ihme, nemlich er kunts selbs erachten, daß die Sach in Geheim nit bleiben würde, dann er sehe wol, was für Reuter da wären, aus viel und mancherley Orten, und auch viel zu Fuß, die nit alle verschwiegen seyn würden, so kunt er auch solchen Anschlag in viel· langen Jahren nit also wieder zu wege bringen, und darum, so es mich angieng, wolte ich nit nachlassen, sondern das Glück versuchen, und wann schon die Würzburgischen auch kämen, so wollen wir ihnen doch starck genug seyn, darzu, so hätte er nichts mit dem Bischoff von Würzburg in Unguthen zu thun, es wäre auch dieser Weg nit sein Straß oder Glaidt, in Summa das Mändlein folgt mir, und wie mich nun baucht, es solte an der Zeit seyn, brach ich an, und reit vor ihnen her, und ließ sie allgemach hernach kommen, aber es gieng langsam, und wie wir auf ein Berg kommen

gegen bem Mayn zu uf ein Fuß=Pfabt, sazt (sahe) ich
benselbigen hinein, unb wolt lugen, wie bie Schiffe ben
Mayn herauf giengen, wie ich nun also uf ben Berg kame,
lagen viel Büchsen=Schüzen baran, unb wolte ich wehnen,
sie stunben unß zu, schrye sie an, unb sprach, es ist zeit,
unb ba ich ben Berg hinein kam, hat es Weingart, unb
gieng ein Weg unter ben Weingarten her in Mayn, ba
hielten zween seiner alter bescheiblicher Knecht, bie waren
Reineckisch, unb ohne Zweiffel rechtgeschaffen Leuth, barfür
ich sie ansahe, unb hätten ihre Pfeil uf ben Arm=Brüsten,
wiewol ich nur allein war, mit einem Buben, sprach ich
sie boch an, unb sagt, wer seyb ihr, ba sagten sie, sie
wären Reineckisch, unb hätten 4. Schüzen zu Fuß bey ihnen,
barauf sagt ich, sie solten haltenb bleiben, unb fragt mich
ber eine Knecht auch, wer wir wären, ba sagt ich wir
seyn Thüngisch; O sagt er, ihr werbet meinen Herrn
heut verberben, barauf ich ihme zur Antwort gab, wir
hetten mit seinem Herrn in Unguthen nichts zu thun,
barum solte er still halten unb zu frieden seyn, als wir
nun also hielten, kommt über ein klein Weilen mein guther
Göz von Thüngen unb Georg von Gebsattel mit einem
Häuflein, ruckten mir nach, unb blieben also mit mir bey
ben berührten 2. Reutern halten, biß Eustachius von
Thüngen auch kam, ben sprach ich an, er solt biese beebe
Knecht balb in Glübb nehmen, unb nit von ihnen lassen,
auf baß sie nit ein Geschrey machen, unb mehr Leuth uf=
bringen kunten, bas thät er nun, unb sprach ich zu ihm
weiter, was wir thun wolten, baß ist Zeit, ba führt er
unß also baruf burch ein alten Furth über ben Mayn,
bas kein gebräuchlich Furth mehr war, welches ich gerne
sahe, unb war auch ein gutes Reuter=Stuck von ihme, ba
wir nun hinüber kamen, zogen wir baher, unb ich sagt zu
Göz von Thüngen unb Georg von Gebsattel, bleibt ihr
bey ben Reutern halten, bann sollen wir zu ihnen schiessen,
so schiessen sie heraus unb wir hinein, so gehet unß ab
unb ihnen zu, unb sagt ich, ich will zu ihnen hinein rucken
unb mit ihnen reben, wie ich auch thet, unb bem nechsten
zum Schiff an bas Lanb, so nahe ich kunt, bamit ich mit
ihnen reben mögt, unb sprach sie an, unb sagt, gebenckt,

was Würzburgisch und Rheineckisch ist, das mache sich
aus dem Schiff, so lieb einem jeden sein Leib und Guth
seye, dann wir hetten nichts mit ihnen denen Würzburgi=
schen und Reineckischen in Unguthen zu thun, da hebt
aber einer an und schreyt heraus, ob sie aber auch sicher
weren, da sagt ich ja Leibs und Guts, was Reineckisch=
und Würzburgisch ist, aber was Bambergisch ist, seyn wir
bergestalten da, daß wir gegen ihnen auch wollen handlen,
wie sich gebühren wirb, und von Stund an luden sie einen
grossen Neben=Schelch, wie man sie dann an die grossen
Schiff hängt, voll wehrlicher Leuth, die zu ihnen in das
Schiff kommen waren, daß ich bey meinem Eybt Sorg
hett, es würde untergehen, also daß kein Schuß zu ihnen
geschahe, so geschahe auch keiner von ihnen heraus, und
welche Parthey angefangen hett zu schiessen, so wäre es
selzam zugangen, und kan auch nicht achten, daß wir etwas
hetten ausgericht, dann wann ich wäre im Schiff gewest,
und hette so viel wehrlicher Leuth bey mir gehabt, ich
wolte mir nichts besorgt haben, wann 1000. Reuther her=
aus gewest weren, der Ursachen halber, wie ich acht, (ohne
GOtt zum förderlichsten und ohne mich) so hett Eustachius
von Thüngen selbigen Tag nichts ausgericht, und von
Stund an, da schickten wir einen mit dem Sail, daran
die Gäul ziehen, in einem Schelch hinüber uf die andere
Seiten, zogen das Schiff auch hinüber uf die andern
Seiten, und luden 16. Wägen mit allerley Waar, und
nehmen nichts, dann was Bambergisch war, und führten,
und brachten das Guth dieselbige Nacht zum Reisenberg, ꝛc.
   Wie aber mirs darnach mit dem Bischoff von Bam=
berg zu Heydelberg ist gangen, davon will ich jetzt auch
mit der Kürz schreiben, da mein gnädiger Churfürst und
Herr Pfalz=Graf Ludwig Hochlöbl. Gedächtnus sein Hoch=
zeit hätte, mit Herzog Wilhelms von Bayern Schwester,
da ritten unser viel junger Gesellen von Adel, wie man
dann thut, auch dahin uf die Hochzeit, und hat einer ein
Kleid wie der andere, das war nit köstlich weder Seyden
oder Sammet daran, nun der arme Hauff wurde wol ge=
halten, und hetten viel guter Gesellen, und thet man unß
schier mehr Ehr an, dann wir wehrt waren, man sazt

unß auch allein zusammen, und truge sich die Handlung
also zu: Martin von Sickingen mein Schwager und ich
giengen in die Herberg zum Hirsch die Steigen hinauf,
und mein Schwager vor mir, und wie man schier hinauf
kommt auf die Steigen, da ist ein eyssernes Glenderlein,
daran stunde der Bischoff von Bamberg, gab meinem
Schwager Martin von Sickingen die Hand, gab mir sie
auch, und wie er mir sie geben hett, so gieng ich hin zu
Graf Ludwigen von Hanau, der stund zu nechst dabey,
und war mir gar ein gnädiger junger Herr, und sagt zu
ihm, der Bischoff hat mir die Hand geben, ich glaube, er
hab mich nicht kennt, er hätte mir sie sonst nicht geben,
und dergleichen, welches nun der Bischoff, als ich achte,
gehört hett, dann ich rede laut, und gieng also der Bischoff
wieder her zu mir, und sagt, er hette mir die Hand geben,
aber mich nicht gekennt, da sagt ich, Herr ich hab wol ge=
dacht, ihr habt mich nicht gekennt, und habt euch hiemit die
Hand wieder. Da lief das Mändlein von mir hinein in die
Stuben zu Pfalz=Graf Ludwig und Bischoff Lorenz von Würz=
burg, beede meine gnädigst und gnädige Herren, und war als
roth am Halß, als wie ein Krebs, so zornig war er, daß
er mir die Hand geben hett, dann er wuste wol, daß ich
meinem Vettern Eustachius von Thüngen gedienet, da er
ihme die Schiff uf dem Mayn niedergeworffen, so hätte
ich auch zuvor selbs zween Händel mit ihme gehabt, die
doch damalen wiederum gericht und vertragen waren.

Nun will ich niemand bergen, ich hett Willens auch
deren von Nürnberg Feind zu werden, und gieng schon
mit der Sach um, und dacht, du mußt noch ein Handel
mit dem Pfaffen, dem Bischoff von Bamberg haben, damit
die von Nürnberg auch in das Spiel gebracht werden,
und wurff also darauf dem Bischoffen in seinem Gleidt
nieder 95. Kauffmänner, und war so fromm, daß ich nichts
heraus nahm, dann allein was Nürnbergisch war, der
waren nun ungefährlich in die 30. welche ich am Montag
nach unsers HErrn Auffahrts=Tag des Morgens frühe
angrief, ungefährlich um 8. oder 9. Uhr, und ritt dem=
selbigen Dienstag und die Nacht und am Mittwoch darnach
mit ihnen den Kauffmännern immerfort, deren wie gemeldt

Göz von Berlichingen.   4

30. waren, und hett ich meinen guten Hannsen von Selbiz
bey mir, und waren also unser auch 30. der andern Reuter
aber waren viel, die schob ich immer von mir, ein Häuf=
lein nach dem andern, wo mich daucht, daß ein jeglicher
hingehört, und wurde mein Reit=Geselle Hannß von Selbiz,
darnach über 14. Tagen ungefährlich auch des Bischoffs
von Bamberg Feind, und brannt ihme ein Schloß und
ein Statt auß, mit Nahmen, wie ichs behalten, Filßeck,
also daß die Handlung zwo Knappen brachten, und war
derselbigen Zeit ein Reichs=Tag zu Trier, der wurd gerückt
gen Cölln hinab. Alsobald ich nun die Gefangenen ver=
steckt, nahm ich mir für, auch über Rhein zu ziehen, und
Kundschafft gen Cölln zu machen, wie ich auch thet, und
kam zu einem guten Freund, mit dessen Rath handelt ich,
so gut ich kunt, und gedacht mir, ob die Nürnbergisch
und Bambergische Räth über Land den Rhein heruf ritten,
ob ich ihm mögt auch etwas daselbst abbrechen oder
ausrichten.

In Summa mir kam Bottschafft, daß die von Nürn=
berg nit herauf ritten, sondern uf dem Schiff fuhren, und
wie ich zu Bacherach in der Statt war im Würthshauß,
und wolte zum Morgen essen, und hett meiner Knecht
kein bey mir, aber sonst ein Gesind, unter denen der ein
die Pfalzgräfliche Farb am Rock führt, und hett ich nit
in Willen lang allba zu verharren, da kommt aber einer,
und spricht, es hält ein Bub draussen am Rhein, der sey
Bambergisch, und begehrt seinem Herrn Glait, und derselbe
Bub war einer von Adel, vom Geschlecht ein Seckendörffer,
da war weder Amtmann noch Keller daheim, und gieng
doch ein Burger hinaus, und sagt zu dem Buben, sie hetten
doch kein Glait hinabgenommen, so hett der Rhein auch
ohne das Glait, also daß sie weitern Glaits nit bedörffen;
Aber der Bub sagt zu ihme, es wäre aber jetzt eine andere
Meynung, und wolt also ohne Glait nit abweichen, da er
nun das sagt, thet ich mich auf die Mauren, und hinum
zu dem Thor, da die Weingarten gegen dem Hundsruck
zu giengen, welches sehr hohe Berge seyn, und hätte dar=
neben die Sach dermassen angestellt, daß man ein Ufmerck=
niß haben solt, wann etwas vorhanden, daß mans wüste,

wo man mich finden solte, in Summa, der Bischoff stieg
aus dem Schiff, und gieng mit all seinem Gesind in die
Herberg, da ich innen war, und aß darinnen zum Morgen,
nun war niemands da, der mit ihm ritt, und ihn ver=
glaiten kunt, dann allein der Knecht, der die Pfalzgräfliche
Farb hett, und mir zu Gefallen da war, und nit ihm,
der must mit ihme reiten und ihne verglaiten, so weit
seines Herrn Glait gieng, wie dann beschehen, und also
durch ihne der Bischoff verglaitet worden.

§. X.

DAnn zum Zehenden, damit ein jeder Wissens hab, wie
und warum ich mit denen von Nürnberg in Krieg
und Vheden kommen bin, so ist das die Ursach, Friz
von Littwach ein Marggräflicher Diener, mit dem ich
Knaben weiß und im Harnisch auferzogen bin, der auch
mir viel Gutes gethan, der ist auf eine Zeit allernechst
bey Onoldsbach heimlicher weiß verlohren, gefangen und
hinweg geführet worden, daß in langer Zeit niemand wust,
wo er hinkommen war, oder wer ihne doch hinweg geführt
hette, biß über lang, da lag ein Verräther nieder, der
ihn verrathen, und auch denen Reutern, die ihn nieder=
geworffen hätten, alle Wahrzeichen geben hett, den warf
nun der Marggraf nieder, und erfuhr man also allererst,
wo er Friz von Littwach hinkommen wäre, dann derselbige
Verräther hette, wie gemeldt, alle Wahrzeichen angezeigt,
wo er nemlich hinkommen, und wer ihne niedergeworffen
hett, und nachdeme Herr Hannß von Seckendorff, der selbiger
Zeit Marggräflicher Hoffmeister gewesen, (welchem Friz
von Littwach nahe befreundt und verwandt war) und also
beßhalben übel zu frieden war, daß nemlich sein Freund
also schändlich und heimlich verlohren werden solte, habe
ich ihne Herrn Hannsen von Seckendorff, als meinen
Verwandten, der mir Guts gönnte, angesprochen und
gebetten, daß er mir die Urphed des Verräthers zu wegen
brächt, welches er willig thät, und war also die Sachen
damit lautbar, daß es deren von Nürnberg Diener gethan
haben solte, darauf er auch in ihre Häuser und Frohn=

4*

Vesten, wie zu erachten, geführet worden, das ist meine
Urſach an die von Nürnberg (darum ich mit ihnen zu
Vheden kommen) eine, dann er Friz von Littwach mir
allwegen gewogen und dienſtlich geweſen iſt.

Zum Andern hette ich einen Knecht gedingt mit
Nahmen Georg von Gaißlingen, der hett mir ein Dienſt
verſprochen und zugeſagt, den haben ſie die von Nürnberg
bey Stachuſen von Lichtenſtein hart verwundt und erſtochen,
auch ſeinen Junckern gleichergeſtalt hart verwundet, wiewol
derſelbig im Leben blieben iſt, und viel andere waren, die
feindlich böß wolten ſeyn, da noch niemand wuſt, wo Friz
von Littwach hinkommen wäre, ſo habe ich doch keinen
gemerckt, der der Kazen die Schellen wie man ſagt, ange=
hängt, oder die Sachen angriffen hett, dann der arm
getreuherzige Göz von Berlichingen, der nahm ſich beeder
an, welche Urſach ich gegen denen von Nürnberg uff allen
Tägen, ſo ich mit ihnen für Kayſerl. Majeſt. Commiſſarien
auch geiſtlich= und weltlichen Fürſten, als wir miteinander
getagleiſt haben, je und allwegen angezeigt und dargethan.

Und will nun weither ſchreiben, und anzeigen, wie
es in der Nürnbergiſchen Vhedt mir und meinen Verwandten
gegangen iſt. In summa summarum, das Reich ver=
ordnete 400. Pferd wider mich, darunter Grafen und
Herrn, Ritter und Knecht waren, wie dann dieſelbigen
Feinds=Brief noch vorhanden, und kamen ich und mein
Bruder in die Acht und Uberacht (Aberacht), und in etlich
Städten ſchoſſen die Pfaffen und München auf der Canzel
mit Lichtern zu mir, und erlaubten mich den Vögeln in
Lüfften, ſie ſolten mich freſſen, und ward unß alles ge=
nommen, waß wir hetten, daß wir nit eines Schuhes
breit mehr behielten. Nun war keines Feyrens da, wir
muſten fort, und brach ich dannoch meinen Feinden zimlich
ab, an Gutern, und ſonſten, alſo daß ſich Kaiſerl. Majeſt.
etlich mal in die Sachen geſchlagen, und ihre Commiſſarien
verordnet, die zwiſchen unß handlen und alle Sachen
richten und vertragen ſolten, welches mir mehr dann
zweymal hundert tauſend Gulden Anſchläg halben, die
mir Kayſerl. Majeſt. damit verhindert, Schaden thut, dann
ich damalen Gold und Geld gegen denen von Nürnberg

zu wegen gebracht haben wolt, und wiewol die Kayserl.
Commissarii erzehlter massen verordnet gewesen, so wurde
doch zur selbigen Zeit nichts ausgericht, und wolte ich
damalen denen von Nürnberg wol all ihr Kriegs-Volck
auch den Burgermeister selbs (der ein grosse guldene
Ketten am Halß hangen, und ein Küriß Bengel in der
Hand hett) auch alle ihre Reißige und ein Fähnlein Knecht,
da sie für Hohen-Krehen zogen, mit der Hülff GOttes
geschlagen, gefangen nnd niedergeworffen haben, war auch
schon zu Roß und Fuß darzu geschickt und gefaßt, daß es
nit mehr dann ja und gewiß war, daß ich es vollend
wolt haben. Da hett ich aber gute Herren und Freund,
die mein Sach treulich und gut gemeinten, deren Rath
hett ich, ob ich Kayserliche Majestät zu Ehren den Tag
besuchen, oder aber jetztberührten meinen Anschlag in das
Werck richten solt, da war nun ihr treuer Rath, ich solt
der Kayserlichen Majestät zu Ehren und Gefallen den
Tag besuchen, denen folgt ich mit meinem grossen merclichen
Schaden und Nachtheil, und wurd darzu uf dieselbige
Zeit die Sach, wie gemeldt, nit gericht.

Darnach uf den andern Sommer, sazt Kayserliche
Majestät wieder einen Tag an, zwischen mir und denen
von Nürnberg, ungefehrlich um Pfingsten, und verordnet
die Commissarien gen Würzburg, da hat ich aber einen
guten Anschlag, der war nit mehr dann auch ja und gewiß, dann ich hat nit mehr dann gut Herren und Freund,
die treulich zu mir sezten, und mir helffen und rathen wolten,
aber wolt ich einen gnädigen Kayser, gnädige Fürsten und
Herren, und gute Freund im Land zu Francken haben und
behalten, must ich mich über all mein Danck und Willen zu
Würzburg vertragen lassen, het aber all mein Geld geben,
daß es sich nit mehr, als ein Monath lang verzogen haben solt.

Weiter habe ich auch gleich nach der Abklag, da ich
deren von Nürnberg Feind wolte werden, ein grossen und
hohen Anschlag mit meinen vertrauten Helffern gehabt,
gegen denen von Nürnberg, da ich sie erstmals angreiffen
wolt, und daß ich wolt die Kauffleuth, die gen Franckfort
zogen, zwischen Nürnberg und Fürth, mit samt denen
Reutern niedergeworffen- und mit ihnen hinein biß an

die Thor gearbeitet haben, hielt auch solchen Anschlag
meinen Freunden und dem Haubtmann den ich bey mir
gehabt, der auch mein naher Freund war, für, und meint
nit anderst, dann es solte ihnen, wie mir, die Sachen wol
gefallen, und wie dann billig gewest wäre, ein Lust dazu
gehabt haben, dann da war Ehr und Guth zu erlangen
geweft, und wolte ich uf allen Seithen zur Ruhe und
Frieden kommen seyn, aber es wolt nit seyn, sondern
etliche der meinen, als sie die Thürnen zu Nürnberg
sahen, thäten sie eben, als wann sie schon darinnen lägen,
und hat mich also darauf folgend, wie gemeldt, vertragen
lassen, und meine Krieg die Zeit meines Lebens dermassen
geführt, daß ich gerne bald zu Frieden kommen, und daß
deme also, so bin ich gegen allen meinen Feinden (gegen
denen ich Vhede gehabt) allwegen mit GOttes Gnad und
Hülffe bald zur Ruhe und Frieden kommen, und weiß
kein Vehdt oder Feindschafft, so ich gehabt hab, sie seye
klein oder groß, die über 2. Jahr gewehrt hett, und
etwann nit als lang, und hette wohl einem Fürsten verredt
und verheissen, ich muß sein Feind ersterben, und haben
mirs sein eigene Haubt=Leuth mit meinem eigenen Bruder
zu entbotten, noch schickt es dannoch GOtt der Allmächtig
dahin, daß es schier meiner kürzesten Vhedt eine, die ich
kaum gehabt hab, ꝛc. gewesen.

Neben deme ist auch weiter wahr, als ich deren von
Nürnberg Feind geweft bin, daß ich in einem grossen
Anschlag war, ihnen ein groß Guth niederzuwerffen, das
dann mir durch mein Kundschaffter, der sich nit recht
gehalten, wie ich ihm befohlen hett, in einer halben Stund
verwahrloßt wurd, daß ich nit das rechte Guth, darum
ich da war, angrieff, und daß es wahr sey, so war
Kayserl. Majestät Maximilian desselbigenmahls zu Aug=
spurg, und wolten die Kauffleuth nit anderst wehnen, dann
ich hett den rechten Wagen angegriffen, daß sie ihr bestes
Guth auf hatten, so hett aber ich den bösen angriffen,
und liessen zum Kayser gen Augspurg, und fielen Ihrer
Kayserlichen Majestät zu Fuß, und verklagten mich auf
das Höchste, wie daß sie nemlich verdorben Leuth weren,
und einen unüberwindlichen Schaden, den sie und ihre

Kind und Nachkommen nit überwinden kunten, empfangen
hetten; Darauf ihnen der fromm Kayser Maximilian ge-
antwort und gesagt: Heiliger GOTT, heiliger GOtt! was
ist das? der ein hat ein Hand, so hat der ander ein
Bein, wann sie dann erst zwo Händ hätten und zwey
Bein, wie wolt ihr dann thun, das war nun uf mich und
Hannßen von Selbiz geredt gewest, und hette auch der
Kayser, wie ich berichtet, darbey gesagt: Wie gehets zu,
wann ein Kauffmann einen Pfeffer=Sack verleuert, so soll
man das ganz Reich ufmahnen, und so viel zu schicken
haben, und wann Händel vorhanden seyn, das Kayserliche
Majestät und dem ganzen Reich viel daran gelegen ist,
das Königreich, Fürstenthum, Herzogthum und anders
antrifft, so kan euch niemand nacher bringen; welche Rede
ich ungefehrlich über 3. oder 4. Tag darnach bey eines
Fürsten Gewaltigen erfahren, dem sie durch die Post von
Augspurg auß zu wissen gethan, oder vielleicht zugeschrieben
worden, und gefiel mir solches von der Kayserl. Majest.
so wohl, daß es mir im Herzen ein Freud war, und ich
kan mich auch nicht erinnern, daß ich mein Tag je etwas
wider Kayserl. Majest. oder das Haus Oesterreich gehandelt
hab, wolt auch wohl an die Orth kommen seyn, da das
weich Geld und Cronen wohlfeyl waren, aber ich hab es
Kayserl. Majest. unserm allergnädigsten Herrn zu Ehren
und Gefallen unterlassen, und mich sonst alß ein armer
Krieg= und Reuters=Mann beholffen und viel Gefährlichkeit
außgestanden, alß ungefehrlich einer leben mag.

Noch weiter habe ich ein Articul mit angezeigt, das
ist der, da ich der von Nürnberg Feind war, kam ich in
Erfahrung, wie etliche Wägen mit Güthern durch den Wald,
den man nennet Hagenschieß geführt werden solten, und
war ich uff dieselbige Zeit bey meinem Herrn und guten
Gesellen, wie wir dann einander etlicher Sachen halber
zusammen beschieden hatten, allba ich erfuhr, daß die Sach
gewiß wäre, dann die Wägen zogen daher, und ruckten
wir zu ihnen, und griffen sie an, aber sie zeigten sie an,
sie hetten Pfalz=Gräflich Glaidt, nun hätt ich nie gehört,
daß Pfalz=Gräflich Glaidt an selbigem Orth wäre, oder
jemalen geben worden, so waren sie auch Kayserl. und nit

Pfalz=Gräflich, dann mein Kundschaffter, den ich hette, der
hett mich aller Sachen berichtet, wie die beschaffen waren;
Aber wie ich seithero erfahren, hat der Kundschaffter das
Maul zu weit gegen den Würth aufgethan, daß die Fuhr=
leuth gewarnet und Glaidt begehret haben; Da war ich
aber der Zeit guth Pfalz=Gräfl. und also, daß ich nichts
gegen solchen Fuhrleuthen fürnehmen wöllen, dann mir die
Pfalz, sonderlich etlich Ursachen halber, im Herzen lieb war,
darum ich dann je und allwegen Ihrer Chur=Fürstl. Gnaden
verschonet. Alß ich nun hierauf von ermeltem Weg ab=
gezogen, fiel mir ein anderer Anschlag für, das war der,
ich wust, wann die Franckfurther=Meß war, so zogen die
von Nürnberg auß Würzburg heraus zu Fuß gen Franck=
furth, als nemlich durch Habichtheil und Lengefeld den
Spessart zu; Nun die Kundschafft war gemacht, und wurff
ich ihrer 5. oder 6. nieder, und war ein Kauffmann da=
runter, den ich zum brittenmal, und in einem halben Jahr
zweymal gefangen, und einmal an Güthern beschädiget hatte,
die andern waren eitel Ballenbinder zu Nürnberg, und
stellet ich mich, alß wollt ich ihnen allen die Köpff und
Händ abhauen, aber es war mein Ernst nit, und musten
niederknien und die Händ auf die Stöck legen, da trat ich
etwa ein mit dem Fuß auf den Hindern, und gab dem
andern eines an ein Ohr, das war mein Straff gegen
ihnen, und ließ sie also von mir wieder hinziehen, und
macht der Kauffmann, den ich so offt niedergeworffen, das
Creuz für sich, und sagt, ich hätte mich des Himmelsfall
ehe versehen, dann daß ihr mich heut solt niedergeworffen
haben, auß der Ursach, daß allererst vor gar wenig Tagen
(wie er die dann nennet) und unser bey 100. Kauffmänner
zu Nürnberg auf dem Marckt gestanden, und euer zu redt
worden, und habe gute Kundschafft gehabt, daß ihr aller=
erst im Hagenschleß gewesen, und habt Gülher ungreiffen
und niederwerffen wollen, also daß mich zum höchsten thut
verwundern, wie ihr doch so bald hiehero kommen seyn
mögt, wie ich mich dann selbs darauf verwundert hab, daß
in so kurzer Zeit das Geschrey hinuff gen Nürnberg meines
hin= und wieder Reitens halben kommen, uff solches hat
sich folgends, alß oblaut, die Kayserl. Majest. alsobalden

in die Sachen geschlagen, und solche zu Würzburg vertragen und uffgehebt, wie hieoben besonder vermeldt und erzehlt worden, diesen Articul zeig ich darum an, daß ein jeder Krieg= und Reuters=Mann daraus wol abnehmen kann, daß die von Nürnberg grosse Verrätherey über ihre Feind haben und machen, auch wie zu erachten, groß und viel darauf wenden müssen.

Und wie ich zu Würzburg mit denen von Nürnberg gericht wurd, fieng sich eben der arme Cunz im Würtembergischen Land an, da reith ich dem nechsten hinauf zu dem Herzogen, und brachten Jhro Fürstl. Gnaden mein Bruder seel. und ich in grosser Eyl freylich ein Pferd 30. oder mehr, mit denen ich auch in ein Handel kommen seyn solte, dann mein Schwager Jacob von Bernhaussen seel. war der Zeit ein Ober=Vogt zu Waiblingen, und Philips von Nippenburg der Hofmeister unser Reuter=Hauptmann; Nun kam Jacob von Bernhaußen seel. ungefährlich zu mir in der Stadt Waiblingen bey dem Thor, und spricht, Schwager Göz, da laufft einer zum Thor hinauß, der ist der rechten Hahnen einer, kannst du uff die Gäule kommen, und dich an ihne machen, so kehre Fleiß an, ob du ihne behalten kanst, dann es ist der rechten Uffrührer einer, ich den nächsten in die Herberg, thet nit mehr denn 2. Sporn an, und nahm mein Schwerdt zu mir, deßgleichen 2. meiner Diener und hinauß, aber wir kunten niemands sehen, waren gleichwol die Weingarten dick mit Laubich, wie dann der Zeit gewönlich ist, ob er sich irgend darinn versteckt hett oder nit, oder hinkommen wäre, könnten wir nit wissen, auch niemand sehen oder hören, aber alß wir ein Gründlein hinab kommen, sahen wir einen grossen Haufen in der Schlacht=Ordnung an einem gehen Berg, so dem Kappelsperg zugezogen, und hielten wir lang, und sahen ihnen zu, wo sie hin= und was sie doch fürnehmen wolten, und wie wir also halten, und haben das Maul offen, so stehen 3. waiblicher Gesellen neben uns, die hätten ihre Arm=Zeuch und Harnisch biß uff die Knie, und hett der eine ein Büchsen, der andere ein Helleparten, und der dritte einen langen Spieß, und sprachen uns an und sagten, waß macht ihr da, da sagte ich, waß solten wir machen, wir sehn

spazieren geritten, da fieng der eine an, ein feiner waiblicher
beständener Geſell und Kriegs=Mann, der nit zu gar jung
war, wollen wir aber eins machen, da ſagt ich zu ihme,
du ſieheſt wol, daß wir nicht darzu geſchickt und gefaßt
ſeyn, daß wir fechten könnten, wir ſeyn ſpazieren geritten,
wann wir aber gerüſtet wären, wolten wir dir eine gute
Antwort geben, da ſagt er, wir ſehen es wol, ihr werdt
unß lieber geſchickt und gefaßt darzu, ſagt ich zu ihme,
blau, ich höre und mercke, daß du ein Kriegs=Mann biſt,
und weil du des Sinnes biſt, ſo wollen wir unß ein
wenig anthun und bald wieder zu euch kommen, und hie=
mit zuſagen, daß wir nit mehr, dann ſelb dritt kommen
wollen, wie du unß da ſieheſt, beßgleichen ſolt ihr auch
thun, und ſagten daſſelbig zu beyden Theilen einander bey
höchſtem Glauben zu, darauf wir auch ſobald heim eylen
und unß anthun wolten, aber wie wir zur Stadt kamen,
wie wir der Stadt zuziehen, ziehen die von Tübingen da=
her mit 800. Mannen, auch der Stadt zu, die hielten dem
Herzog Glauben, daß ſie nit von ihme fielen, und ich hätte
Sorg, ſie kämen unter die Thor, daß wir nit vor ihnen
hinein kämen, und mußten rennen, daß wir gleich müglich
vor ihnen hinein kämen, und den nechſten der Herberg zu,
thäten unß an, und wieder hinauß, und ſagt ich meinem
Bruder oder keinem Menſchen nichts darvon, wo wir hin
wolten, oder waß wir vor uns hetten, in Summa, da wir
hinab kamen und eilten ſehr, funden wir die berührten
3. Knecht nit mehr bey Handen, ſuchten ſie hin und her,
aber wir kunten keinen mehr ſehen, ſie waren hinweg, und
wie wir alſo halten, ſo zeucht des armen Conzen Haupt=
mann daher, und hett etliche ſeines Geſinds bey ihme, und
war zu Waiblingen bey unſerm Hauptmann geweſt, und
ich ſagt, das iſt der Hauptmann Hannß Wagenbach, ſo zu
Schornborff daheim, ich kenne ihn, er wird bey unſerm
Hauptmann geweſen ſeyn, wir wollen zu ihme reyten, und
ihm ſagen, wie es uns gangen ſeye, und wie wir zu ihm
kamen, da ſagt ich Wagenbach, du haſt drey Geſellen unter
deinen Hauffen, nit weiß ich wie ſie heiſſen, die haben unß
drey, wie du unß da ſieheſt, geforbert, nun ſeyn wir nit
mehr, denn hinein geritten, und haben unß zum Scherz

auf etwas gerüft, und die Wahlftadt wieder besucht, aber
sie nit funden, dessen magstu Nachforschung haben, wer sie
seyn, und magst wol zu ihnen sagen, wir habens dir an=
gezeigt, wie wir die Wahlftadt wieder besucht, und Glauben
gehalten, wie wir ihnen zugesagt, aber sie nit funden, und
daß sie auch uns hingegen nit Glauben gehalten hätten,
da war er sehr zornig über sie, und sagt, er wolte sie
ftraffen, sagt ich zu ihme mit ein Meith, thue ihnen nichts,
allein sag ihnen, wie wir dir befohlen haben, daß wir die
Wahlftadt unserer Zusagung nach wieder besucht hetten,
aber sie nit funden, dann wann wir schon einander funden,
und einander alle 6. erwürgt hätten, so wäre doch die
Sachen nichts defto weniger vertragen und gericht worden,
darum so thue ihnen nichts; Uber ein lange Zeit hernach,
da die Sachen schon gericht worden, kam ich zu meinem
Schwager Jacob von Bernhauffen, nit weiß ich, ob es zu
Stuttgarten geweft ist, oder sonst, da sagt er zu mir,
Schwager Göz, ich hab den einen Kriegs=Mann, wie du
weist, erfahren, wer er ist, er ist bey mir geweft, und hat
mir befohlen, ich folt dir sagen, wann du sein behuffst, so
woll er dir 100. mahl nachziehen und wolt bir dienen,
und er sagt mir auch dabey, es wäre der feinste Kriegs=
Mann, den mein Herr ungefehrlich für einen im Würtem=
berger=Land haben möchte, und derselbige Kriegs=Mann ist
freylich von Winterbach geweft, das allernechft bey Waib=
lingen liegt, ich weiß es aber doch nit eigentlich, darzu ist
mir sein Nahme auch vergessen, wiewol wir ihn Jacob
von Bernhaußen genennt, wie er geheissen hat, da sagt ich
ihm, er gefiel mir nit mehr dann zu wol, dann ich hört
und merckt an all seinen Geberden, daß er ein rechtschaffener
Kriegs=Mann war, und ich sagt auch weiter, ich hab ihn
eben also mehr nit funden, als daß wirs funden hetten,
dann wir hetten doch einander alle 6. erwürgt, es wäre
gleich gerathen, welchem Theil es gewollt hett, und derselbig
Hauptmann Hannß Wagenbach, der ist bey dem Herzogen
blieben, und hat sich wol bey ihm gehalten, hat sich auch
mit ihme verjagen lassen, und ist bey ihme verblieben, biß
er wieder ins Land kommen, das haben sie nit alle gethan,
sondern ihr wenig Farb gehalten, ich hette auch meinen

Dienst uffgeschrieben ehe der Herzog für Reutlingen zog,
ich wuft aber nit, daß er des Bunds Feind solt werden,
oder ob er dem Bund kriegen wolt oder nit, und wer es
darvor geschehen, so hätte ich mein Dienst nit uffgeschrieben,
dann ich solt selbiges mahls Kayserl. seyn worden, hette
auch meinem Schwager Franz von Sickingen schon zugesagt,
daß ich ihme wolte folgen, und wolte meinen Dienst uf=
schreiben, dann ich hett noch länger denn ein halb Jahr
zu bienen, so muft ich den Dienst ½. Jahr davor, ehe das
Jahr auß war, uffschreiben, und reit daruf heim, und schrieb
den Dienst von Stund an uff, ich hätte mir aber doch
bevor behalten, daß ich mich nit wider den Herzogen von
Würtenberg und die Pfalz wolte brauchen lassen, da sagt
mir nun Franciscus zu, und sagt, es würde keine Noth
haben, und über eine kurze Zeit, da zog der Herzog für
Reutlingen und gewan es auch, darum sich auch Ihre
Fürstl. Gnaden und mein Unglück anheben thet, daß Ihre
Fürstl. Gnaden verjagt worden, und ich darob zu Scheitern
gieng, das mir dann mehr schadt, dann ich uf diesem Erb=
rich hab, wie ich dann wohl wuste Ursach anzuzeigen, und
starb auch Kayser Maximilianus gleich alßbald, da der
Herzog für Reutlingen zog, und bin also, wie ich zu
Meckmühlen niederlag, vierthalb Jahr in des Bunds Ver=
hafft zu Heilbronn gelegen, da mich GOtt der Allmächtig
dannoch erhalten, und wunderbarlich mit mir gehandelt,
und hat der Bund damalen das ganz Würtemberger=Land,
alle Veftungen, Schlöffer, Städt und Häuser gewonnen
und eingenommen, allein den Asperg außgenommen, der
hielt noch etlich wenig Tag, und zog doch nichts besto=
weniger der Bund herab, der Meinung, daß sie mich wolten
übereilen, und mich auß der Mauß=Fallen zu Meckmühl
nehmen, wie dann die Kazen schon vor der Maußfallen
waren, und warten uf das Mäußlein, daß sie es freffen
wolten, wie auch geschahe, und ich darober gefangen würde,
anfänglich aber lagen vor mir drey Amt, als Weinsperg,
Neuenstatt und Meckmühl, daß sie und ich gegeneinander
ernftlich gehandelt haben, nit weiß ich eigentlich, ob solches
zwo oder drey Wochen gewehret, dann ich hab so viel
Streüß seithero und zuvor gehabt, daß ich irrig bin und

es zum theil vergessen habe, und ich mögte auch wol sagen,
ich hätte mich länger in der Maußfallen zu Meckmühl ge=
wehret, dann kein einig Hauß im Land Würtemberg für
eins, doch niemands zur Verachtung oder Nachtheil, und
fielen dieselbige 3. Amt, als Weinsperg, Neuenstatt und
Meckmühl auch vom Herzogen ab, und wurden Bündisch,
und hielten ihrem Herrn und mir nit, wie sie dann meines
Bedenckens und Erachtens billig gethan haben solten, als
wie frommen Leuthen und Hinderseßen gebührt, und damit
ich auf das kürzeste anzeige, wie es mir damalen gangen
ist, so zogen die Bündischen für Meckmühlen und in die
Stadt hinein, wie dann die Stadt auch wider mich war,
und forderten das Hauß und Schloß, darauf ich war, auf,
und theydigten und handelten lang mit mir, daß ich solte
das Hauß ufgeben, als nemlich Johann von Hattstein,
Hannß von Ehrenberg und Florian Geyer und dann ein
Zeuch= oder Büchsenmeister und andere mehr, die ich nit
alle weiß oder kennt hab, und fieng nemlich der Büchsen=
oder Zeuchmeister, wer er dann geweßt ist, an, und sagt,
wann ers nit gern will aufgeben, so gebt ihm kein gut
Wort, und war daruf die Sache angerichtet und dahin
gedeydtingt, daß sie mich und die Meinigen, die bey mir
in der Besazung lagen, mit unserm Leib, Haab und Guth,
auch mit Wehr, Harnisch und Pferden, wie dann ein jeg=
licher hat, frey wolten abziehen laßen, sie hetten auch das
Geschüz zum Theil schon hinauf bracht zu der Kirchen
bey dem Schloß gleich fürs Thor, die man die Techaney
genannt hat; Nun waren ich und meine Verwandten, die
bey mir in der Besazung lagen, dieser Bethaidigung wol
zu frieden, dann wir hetten nit mehr dann noch 3. Malter
Meels im ganzen Hauß, so hetten die Bürger in der Stadt
den Kasten und Keller innen, daß wir nichts mehr zu eßen
bekommen mögten, auch hätten wir noch etliche Schaaf, die
ich den Burgern vor der Stadt nahm, und ließ sie zu
sehen und trieb sie uf das Schloß, davon wir uns auch
ein Weyl enthielten, so hetten wir auch kein Kugeln mehr
zu schießen, dann was ich aus den Fenstern, Thorenglen,
Zinn, und was es war, zu wegen bracht, daß ich dannoch
wieder zu einem Anlauff gefast war, darzu hetten wir nit

Waſſer, daß wir den Pferden geben mögten, und auch kein
Wein mehr, dann was mein war, den muſten wir und
unſer Pferd trinden und. unß mit behelffen, ſo war auch
kein Frucht oder Habern mehr droben, dann was mein
war, wiewol es auch nit viel war, da muſten wir uns von
enthalten, dann die Bürger, wie gemeldt, hetten den Kaſten
innen, und ich nit, alſo daß wir ohne das Hungers halben
hetten darvon ziehen und weichen müſſen. Nun vermeint
ich aber uf bemeldte Theydigung nit anderſt, dann es ſolt
ſeyn und darbey bleiben, wie abgeredt und mir zugeſagt
war, ich und meine Geſellen, die bey mir waren, verlieſſen
uns auch darauf, und meinten, es ſolte darbey bleiben,
dann ich wolte ſonſt wol heraus kommen ſeyn, daß es
wahr iſt, ſo halff ich meines Herrn Dienern etlich heraus,
als nemlich Wolff Endriſſen von Weiler und andern mehr
ſeiner Geſellen von Adel, und die ungefährlich zu mir dahin
kommen waren, da wolt ich auch ſo wol als ihrer einer
heraus kommen ſeyn, aber ich verließ mich auf ihr Zuſagen,
und meint, ſie würden mich oberzehlter maſſen ziehen laſſen,
welches aber nit beſchehen, dann wie ſie mir Glauben gehalten, das ſieht man, und hat es wol gehört, dann ich
lag barob nieder, und wurden meine Knecht und Geſellen
erwürgt und erſtochen, ſo fehlete es mir auch nit weit, und
daß es noch mehr iſt, ſo haben mir die Bündiſchen ſelber
vertreulicher Meynung, ehe ich gen Sullen kommen, in das
Lager, die uf dem Feld uf mich ſtieſſen, geſagt und angezeigt, daß der obriſt Bunds-Haubtmann Befelch geben,
mich nit leben zu laſſen, ſo gewiß haben ſie es gehabt,
und wolt deſſen noch wol mehr anzeigen, aber es iſt nit
vonnöthen, und kan auch nit anderſt gebenden, dann daß
der Allmächtig GOTT nit allein in dem Handel, ſondern
auch in andern meinen ſorglichen Gefährlichkeiten, Vheben
und Kriegs-Hanblungen, gegen hohen und niebern Ständten,
da ich viel und offtmals inngeſtanden und geweſt bin,
ſein Göttliche Gnad, Hülff und Barmherzigkeit mir vielfältig mitgetheilet hat, und mehr für mich geſorgt, dann
ich ſelbſt, und iſt auch die Wahrheit, daß ich durch Un-
glauben, ſo mir, wie gemeldt, begegnet, in all mein Unglück, Schaden und Nachtheil kommen bin.

Und wie ich nun zu Heylbronn nach jeztberührter
Gefängnus etliche Wochen in einer Herberg verhafft gelegen
bin, da schickt der Bund einen der war freylich von
Constenz ein Schweizer, Stadtschreiber oder was er war,
gen Heylbronn, und het ein Urpheb bey ihm, die laß er
mir für in der Stuben, in Beywesen vieler von Heilbronn,
also daß die Stuben voller Leuth war, und begehrt, ich
solt solche schwöhren und annehmen, und wo ichs nit thet,
hett der Bund geschrieben, solten sie mich nehmen und in
Thurn legen, aber ich schlug solche Urpheb stracks ab,
wolt ehe ein Jahr im Thurn liegen, ehe ich sie annehmen
wolt, darzu so zeigt ich hingegen an, ich wer in einer
ehrlichen Vhedt betretten, und hett mich auch bey meinem
gnädigen Fürsten und Herrn, wie einem frommen von
Abel und Rittermann wol anstundt, gehalten, darzu so
wer ich auch in ein ehrlich ritterlich Gefängnus vertagt,
also, daß ich verhofft, sie würden mich darbey bleiben
lassen, und nit daraus nehmen, hett ich mich aber in
meiner Gefängnus übel gehalten, so solten sie mirs an=
zeigen, ich wüst mich aber nit besser zu halten; Da wusten
sie mir nichts anzuzeigen, dann ich hielt mich dermassen,
wie mir uferlegt wer worden, und sonderlichen war mir
erlaubt in die Kirchen zu gehen, und von der Kirchen
wiederum in die Herberg, und wann ich aus der Kirchen
gieng, und etwann Leuth mit mir reden wolten, so wolt
ich nit uf der Gassen bey ihnen stehen, und gieng den
nechsten wieder der Herberg zu, das thät ich darum, da=
mit ich mich unverdächtig hielt, in Summa, da ich die
Urpheb nit annehmen wolt, hetten sie die Weinschröter
bestellt, die traten zu mir in des Diezen Herberg in der
Stuben und wolten mich fangen, ich dem nechsten vom
Leder und mit der Wehr heraus, da schnapten sie wieder
hinder sich, und baten mich die Bürger des Raths fleißig,
ich solt einstecken und Fried halten, sie wolten mich nit
weiter führen, dann auf das Rath=Hauß, da glaubt ich
ihnen auch, und wie sie mich in der Herberg zur Stuben
heraus führten, gieng meine Haußfrau gleich die Steegen
heruf, und warb in der Kirchen gewest, da riß ich mich
von ihnen und gieng zu ihr, und sagt, Weib, erschrick

nicht, sie wollen mir ein Urpheb fürlegen, die will ich nit
annehmen, will mich ehe in Thurn legen lassen, thue ihm
aber also, und reit hinauf zu Franciscus von Sickingen
und Herrn Georgen von Fronsperg, und zeig ihnen an,
die Ritterliche Gefängnuß, wie mir zugesagt, wöll mir nicht
gehalten werden, versiehe mich, sie werden sich als redliche
von Adel und Haubt=Leuth wol wissen zu halten, das thet
nun mein Weib, und führten mich die Bündischen mit uf
das Rath-Hauß, und von dem Rath-Hauß in Thurn, und
must dieselbige Nacht darinn liegen, und wie sie mich uf
den Pfingst=Abend hinein legten, musten sie mich auf den
Pfingst=Tag des Morgens frühe wiederum heraus thun,
und führten mich also darnach wieder uf das Rath=Hauß,
da waren etliche des Raths bey mir in der Stuben ufm
Rath=Hauß, und war mein Haußfrau wieder vom Leger
kommen, und stund heraus vor der Stuben, hetten sie
vielleicht gehört, daß der ganz Hauf wieder herab züg,
der Stadt zu, da baten sie mich, ich solt zu meiner Hauß=
frauen gehen, und zu ihr sagen, daß sie wieder hinaus
ritt, und für sie bitten solt, dann der Hauff zoge eben
der Stadt zu, zu Roß und zu Fuß, da gieng ich zu
meiner Haußfrauen und sagt ihr in ein Ohr, was mein
Meynung war, das war das, und sagt zu ihr, sag zu
meinem Schwager Franciscus von Sickingen, und Herrn
Georgen von Fronsperg, sie haben beede mich gebetten, ich
solt für sie bitten, aber sag zu ihnen, haben sie was im
Sinn, so solten sie fortfahren, ich wolt gern sterben und
erstochen werden, allein daß sie all mit mir erstochen
würden, das hett sie nun ausgericht, und kam Herr Georg
von Fronsperg mit andern auch zu mir hinein auf das
Rath=Hauß, die handelten mit denen von Heylbronn, daß
sie sich musten verschreiben, mir Ritterliche Gefängnus zu
halten, so lang derselbig Krieg und mein Gefängnuß
wehret, und ich mit dem Bund vertragen würde, wie ich
dann dieselbig Verschreibung noch uf diesen Tag hab, und
mir solche volgends durch die von Heylbronn gehalten
worden, als mich aber nun der Bund wieder aus Verhafft
thet, must ich ihnen lieffern 2000. fl. in Gold, die sie den
Knechten gaben, die mich gefangen hetten, wiewol ich die=

selben nit hett, so bracht ich sie doch uf bey meinen guten
Herren und Freunden, wie ich kunt, die schickt ich ihnen
gen Ulm, und ließ sie wol mit leben.

Weiter da Franciscus von Sickingen, mein freundlicher
lieber Schwager, der Stadt Worms Feind war, da führten
ich und Hannß Thoma von Rosenberg, und andere mehr
gute Gesellen ihme Franzen unserm Schwager und Freund
um die 70. oder 80. Pferd gen Worms in sein Leger, und
brachten sie uf unsern eigenen Kosten dahin, und wolt
gleichwol er Franz uns beyd auslösen und Geld geben,
aber wir waren nit dergestalt da, sondern wolten ihme
vergebens dienen, aus der Ursach, daß wir beyd in der=
gleichen Fällen wol der Leuth auch etwa bedörfften. Wie
dann gleich darnach in einem Monath ungefährlich ich
freylich des Stiffts Maynz Feind wurde, so hat Thoma
von Rosenberg auch in Willens, Boxberg halber ein
gleichen Handel fürzunehmen, wie er auch thet, zur Zeit,
als man 1515. geschrieben, und wurd ich des Stiffts
Maynz Feind, ungefährlich um unserer Frauentag, gleich
darauf gegen den Frühling, als man der wenigern Zahl
16. gezehlet, zur selbigen Zeit, wurff ich auch den alten
Graf Philippsen von Waldeck nieder, und kam mit ihme
in ein Anstand, also daß die Sach gleich bald gerichtet
wurde, unterwegen daß der Bischoff, wie in der Mayn=
zischen Vehd auch gemeldt ist, verredt hett, weil ich sein
erster Feind ward, ich must sein Feind ersterben, noch
schickt es GOtt der Allmächtig, daß es die allerkürzte
Vehd ward, die ich ungefährlich unter allen meinen
Vehden gehabt hab, ohnangesehen, daß etliche viel Leuth
mir grosse Anschläg durch Fahrläßigkeit und Liederlichkeit
versaumt haben, wie dann hievor genugsam gemeldt ist;
Darnach auch bald im 16. Jahr zog Franciscus von
Sickingen über den Herzogen von Lothringen und gewan
ihm ein Hauß an, das heißt Schaumberg und vertrug sich
der Herzog wieder mit ihm, daß Franciscus wieder vom
Feld abzog, derselbigen Zeit hat Fritz von Thüngen und
ich unser Knecht und Pferd, was wir kunten ufbringen,
ihme Franzen auch zugeschickt, und nach dem sich Graf
Albrecht von Mannsfeld und Graf Philipps von Solms

in die Sachen schlugen, mich gegen dem Stifft Maynz zu vertragen, hab ich müssen warten, ich wer sonst selber auch in demselbigen Zug gewest, und ist biß alles im .15. und 16. Jahr, wie gemeldt, geschehen.

§. XI.

Nun weiter und zum Eylfften, will ich anzeigen, wie ich mit dem Stifft Maynz in Krieg und Vehden kommen, und ist dem nemlich also, als ich zu Würzburg mit denen von Nürnberg vertragen und gericht wurd, reit ich zu Würzburg heraus gen Grünßfeld, da war ein Edelmann mit Nahmen Bartholomäus Hund, der hat ein Hauß da, der war mein gar guter Schwager und Freund, der fragt mich, ob ich nit wüst, wie es mit meinen Bauren zu Haimstatt gieng, sagt ich nein, wie es dann wahr war, ich wust es nit, da sagt er, die von Buchen hätten ihm ein grossen gebauten Acker, ein Morgen 10. oder 12. mit Frucht, das heißt in der Laffen, (Lappen) und stößt ein Holz daran das heißt auch in der Laffen, (Lappen) der in allem Gewächs schön erwachsen war, daß man schier schneiden hat sollen, mit allem Viehe zu Buchen freventlich muthwilliger Weiß darein getrieben, und hetten gern fürgeben, der Acker wer ihr, und als solt ihn der Bauer unbillig gebaut haben, das war nun nit, wie er dann noch uf diesen Tag mein und meiner Hindersaffen ist, und ich sagt zum Bartholomäus Hund, es annt mich eben, als solt ich von einem Krieg in andern wachsen, bin erst gestern mit denen von Nürnberg gericht worden, so kommt mir nun das auch, und ich den nechsten heim Jagsthauffen zu, und beschickt von Stund an den Bauren zu Haimstett, der hieß Christmann, ein gar frommer Mensch, den fragt ich, daß er mir solt sagen, wie die Sachen ein Gestalt hett, ich hett gehört, man hett ihm ein Schaden gethan, da sagt er mir alle Gelegenheit, wie man mir auch vor gesagt hat, und schier mehr, darauf schrieb ich den von Buchen, daß sie mir und meinen armen Leuthen kurzum Abtrag theten um ihrer freventlicher, muthwilliger und gewaltsamer Handlung willen, die sie also wider GOtt, Recht und alle Billigkeit wider meine Unterthanen geübt hetten, aber es wolt nit helffen, und bin ich länger dann 1. Jahr mit den von Buchen und dem Bischoff von Maynz in Schrifften gestanden, und sazte mir der Bischoff von Maynz etliche Tag an gen Abolzheim, die ich besucht, aber sie kamen nicht, darnach sezt er mir einen Tag gen Bischoffsheim, den besucht ich auch, da saßen die Maynzische Amtleuth, als nemlich Leonhard von Thurn, und Wolffen von Hartheim, die uns hören solten, und spielten im Brett, das war mir nun gleich spöttlich, und huben sie gleich die Maynzischen einen Haber an, und schlugen ein ander zu tobt, und wurd mir gesagt, wie sie sich hören liessen, ich würd die von Nürnberg nicht an ihnen haben, das gefiel mir nun nit so gar übel, aber in Summa, wir schieden ohne Ends, und ich dacht auch, was ich zu schaffen hett, und thet darnach ein Abtlag an Bischoff von Maynz, und ließ ihn darob sitzen, und hett meiner Sachen auch alsobald in acht, und thet alß einer der etwas anfangen wolt, und erfuhr mich auch alsobald im Stifft Maynz, wie ich die Sachen angreiffen wolt, und war erstlich das mein Anschlag und Fürnehmen, daß ich wolt dem Bischoff bey Aschaffenburg in das Franckforter-Glaidt fallen, am Hefftzaun, (Hoffzaun) und wolt die Sachen ernstlich angreiffen, hett auch freylich ein Pferd oder anderthalb hundert uffbracht, und meint, ich wolt den Bischoff und die Seinigen darmit geschlagen haben, dann ich wust wol, daß sie mich eilen würden. Nun ließ ich den Zeuch weit am obern Reißig, am selbigen Schlag halten, damit sie denselbigen zu hielten, und zog ich Tag und Nacht biß ich kam ins Dammsfeld, da ich dann Willens hett anzugreiffen, und hett damahlen nit über 32. Pferd bey mir, und wiewol ich guthe schrifftliche Kundschafft hett von Nürnberg an biß gen Franckfort, so wolt ich doch der Sachen gewiß seyn, und ließ ein Knecht oder Miltenberg halten, der solt sehen, wo sie hinein zogen auch wie starck, und beschied ihn, daß er solt uff unser Frauen Geburts-Tag frühe vor Tag an ein Haltstadt am Dammsfeld kommen, da würd er mich mit GOttes Gnad und Hülf auch finden, unb welcher ehe käm, ber folt beß anbern warten, baß geschahe nun, unb sanbt ich ben Knecht an bem Orth, ba fragt ich ihn, wie bie Sachen stünbe, unb wie starck sie hinein wären uf Miltenberg zu, ba sagt er von 8. ober 7. bie wären hinein gezogen, unb hett mehr nit gesehen, in Summa ber Knecht war nit lang genug gehalten, so hett er ben Haufen gar gesehen, so wolt ich in bie 4. ober 5. Tonnen Golbs uff ben Tag erlangt unb zu wegen gebracht, unb barzu Bericht unb Gelb gehabt haben, bann bie reichste Kauffleuth im Reich bie waren ba, unb ihr bey ben hunberten. Nun besorgt ich, es wäre, wie ber Knecht gesagt hette, solt ich bie von mir lassen, bie er gesehen het, so wäre ber Anschlag schon verberbt geweft, unb waren bie anbern also barmit gewarnet worben, bann ich kunt nit wohl mit einem solchen Hauffen ungewarnet abgezogen seyn, er war zu groß, unb bacht ich, es ist bennoch besser, etwas bann gar nichts, bu willt bannoch ein Gulben 8000. herauß bringen, mit welchem bem Krieg ein Anfang mag gemachet werben, bann ber Anschlag war boch verberbt geweft, in Summa, wie ber Knecht sagt, bie= selben kämen, bie führt ich hinweg, bamit ber Krieg an= gefangen wurbe, unb hette mich bie Nacht nit abgetrieben, so wolt ich bie anbern in ber Eil auf bem Spessart auch geschlagen haben, aber ehe ich zum Hauffen meiner Reuter kam, hett mich bie Nacht schon begriffen, baß ich must ab= ziehen, wie ich bann thet, unb zog ein jeglicher, ba er vermeint, baß er hingehört. Aber ber anbere Anschlag, ben ich weiter hett, war ber, baß ich meinen Knechten befahle, bieweil bie von Buchen bie ersten Anfänger bes Kriegs wären, so wäre es auch billig, baß sie zum ersten angriffen würben, bas thäten nun bie Knecht, so gut sie kunten, unb hetten über 5. ober 6. Pferb nit bey sich, barnach bacht ich, waß GOtt ferner verhengen will, bas wirb auch ge= schehen, unb thet mith gleich alßbalb an ein Orth, ba ich bie Pferb ein Weyl ruhen ließ, nun hett ich meine Knecht auch von mir geschoben, einen hieher ben anbern borthin, baß ich niemanb bey mir hett, bann ein Buben, welcher mir sagt, wie mein Gaul übel beschlagen, unb wäre lang nit beschlagen worben, ba war gar ein guter Schmib zu

Marppach, das wust ich, und reith dahin, wolt meinen
Gaul beschlagen lassen, wie ich nun hinein zu einem Würth
kam, der hieß der Schreiberlein, den ich wol kannte, dacht
ich, du willt ein Bißlein bey ihme essen, und willt den
Gaul beschlagen lassen, wie ich dann thät, da verstund ich
alß viel vom Würth, daß die Maynzischen mit 16. Pferden
dieselbige Nacht bey ihme gelegen, und der Einspännigen
12. Pferd gewesen, die wären wieder hinder sich heim ge=
zogen, und wäre ein Bunds=Rath das Land hinauf, nit
wüste er wohin, da konnte ich wol achten, er wäre uff
Ulm zu geritten, uf den Bunds=Tag, da sagt ich zu dem
Buben, er solte flux den nechsten den Gaul beschlagen lassen,
und alß sehr eilen, alß er könnt, und assen also ein Bißlein
mit einander, und nechsten mit dem Buben uff, und hatte
nit so viel der Weyl, daß ich meine Knecht bescheiden und
beschreiben kunt, und wie ich hinauf kam biß gen Türckheim,
wußte ich ein Pfadt, der ging hinter dem Pferch zu Eß=
lingen hinüber gegen der Filz zu, den hette ich wol bey
Tag geritten, nachdem es aber finster war, besorgt ich, es
möchte mich irgend fehlen, und überkam ein Bauren von
Türckheim, dem gab ich ein Schenck, daß er mich benselbigen
Pfad hinüber führt biß an die Filz, da hieß ich den Bauren
wieder von mir gehen, und nachdem es gar finster war,
must ich mit dem Scheiffelein stopffen und Sorg haben,
ich verfehlt etwann des Furths, wie man dann offt hinüber
und wieder herüber muß, wie diejenigen wissen, die solche
Strassen von Göppingen an biß gen Eßlingen braucht haben,
und kunt auch nicht sehen, wann ich hinein setzt, wo ich
wieder hinaus solt, allein ich must mich also behelffen, wie
ich kunt, in Summa, ich kam an ein Ort, zu meinen guten
Gesellen und Freunden, und bracht allda ein Pferd oder
6. zusammen, mit denen ich fort fuhr, und gerieth mir die
Sachen eben, daß ich ermeldten Bunds=Rath uf der Ulmer
Strassen erwischt, dann ich der Würtembergischen Strassen
allwegen verschont, und gieng mir die Sachen glücklich und
wol ab, und war freylich uf Luciä Tag Abend, da man
noch 15. geschrieben hat, und als ich vor dem Angriff über
die Filz wolt, kam ich an ein Ort, ein gar alten Furth,
den man nicht braucht, hett ich Sorg, ich könnt nit hinüber

kommen, aber ich hett dennoch einen Mensch bey mir,
der wust denselben heimlichen Furth, daß wir hinüber
kamen; Nun wie der Bunds=Rath daher zog, waren ihr
freylich auch 6. und hetten ein bey ihn, der war des
Kaysers Büchsenmeister, dem thete ich nun nichts, und gab
ihm gute Wort, und befahl meinen Knechten, nachdem es
sorglich allba war, solten sie sich nit mehr dann an die Knecht
machen, und keinen hinweg lassen, und mich mit dem Herrn
handlen lassen, wie dann geschahe, die Knecht hielten sich
wohl, deßgleichen thet ich auch, und wie ich also zu ihm ziehe,
hette er einen Knecht bey ihme, der hette mich kannt, und sagt
zu seinem Herrn, es ist warlich der Göz, da war ich doch
schon an ihnen, und hetten meine Knecht auch Befelch, wie
sie sich halten solten, und den nechsten zu ihme, da wolt
er viel Tag leisten, das mir nun nit wol gelegen war,
daß ich alba viel mit ihme Tag leisten solt, dann es gar
sorglich an dem Ort warb, und schmiert ihne ein wenig
übern Kopff, und hat sich das Schwerd gewendt, daß ich
ihme irgend ein Aeberlein getroffen, das schweißt feindlich,
also daß mir Angst war, und gab ihm doch ein Blutwurzel
in die Hand, da verstund es ihm wieder. Nun bracht ich
ihn an ein Ort, da ich meint, er were gleichwol versehen,
und hette grosse Zusagung und Vertröstung von ihme, also
daß ich meint, die Sach wurde gleich recht stehen, aber es
wurde mir der Gefangen verrathen, und im Würtembergischen
Land aus eines Edelmanns Hauß genommen, und wolte
man sagen, Marx Stumpff hett sein Amt mit verdient
zu Crautheim, wie dann ihm solch Amt daruf worden ist,
und war mir solches etliche Ursachen halber nit unglaublich,
wie wol ich denjenigen befahl, welchem ich den Gefangenen
vertraut hat, wann er ihn nit kunt oder wuste zu behalten,
so solt er mirs nit mehr dann sagen, dann ich wust wol,
wo ich sonsten mit ihme hin soll, bieweil ihn aber das
Glück troffen hat, wolt ich ihme dieselbig Verehrung, oder
was es dann war, das ihm zustunde, lieber gönnen, denn
einem andern, denn mein Sach stund nit allein uf den
Mann, ich must weiter sehen, was ich zu thun hett, da
vertröst er mich hoch, es hette keine Noth, wann es schon
übel zu gieng, so wolt er ihn allwegen an ein ander Ort

schieben. Nun war ich des Sinnes, daß ich die Lands=
Art ein Weil geseegnen und weiter mein Heil versuchen
wolt, und nahm mir doch für, ich wolt mich vor ein wenig
regen (rechen) und brandt in einer Nacht an dreyen Orten,
hett nit mehr dann nur 7. Pferd, das war Ballenberg,
Oberndorff, und das Schaafhauß zu Crautheim unter dem
Schloßberg herab, da wir auch hinuf in das Schloß von
der Mauren herab mit einander reden kunten, und hab
gleichwol nit gern gebrennt, aber es geschahe uf dißmal
darum, daß ich dacht, der Amtmann solt über das Feuer
rucken, und hielt wol ein Stund oder zwo zwischen Craut=
heim und Neuenstetten, dann es war gar hell, und lag ein
Schnee darzu, ob ich mögte mit ihme zur Handlung kommen
seyn, und wie ich also hernieder brandt, da schrie er der
Amtmann oben heraus, vornen für Klepßen zu, da schrie
ich wieder zu ihme hinuf, er solte mich hinden lecken; Nun
es war nit lang Sattelhenckens da, ich macht mich wieder
aus dem Ort, und am britten Tag darnach ergrieff ich ein
von Miltenberg, der hieß der Reußlin mit dreyen Geschirren,
und drehet mich darnach aus in ein weit fremb Land, da
stund mir aber ein Glück zu, daß 6. Thumherrn und
Räth waren uf einem Wagen hinein gefahren gen Hall in
Sachsen zum Bischoff von Maynz, und hetten 14. Pferd
bey ihnen, das waren, wie gemeldt, reiche Thumherrn und
seine Räth, nun macht ich gut Kundschafft über sie, die nit
mehr dann recht und gewiß waren, daß sie nemlich schon
daher ziehen solten, wie wol sich die Sach lang und wol
uf ein Monath verzogen hett, daß mir wahrlich viel darauf
gieng, nun hett ich drey Ort innen, als den Thüringer
Wald, das Franckenland und die Buchen, sie zogen welche
Strassen sie wolten, so waren sie mein, und lagen meine
Knecht im Land Hessen, das wust ich, den befahl ich auch,
sie solten dieselbige Strassen innhaben, und befahl ihnen
auch, sie solten nichts fürnehmen, es wäre, was es wolt,
sondern solten des Handels und Beschaids erwarten, da
verließ ich mich uf, und wo dasselbig nit wäre gewest, wolt
ich aber gehandelt haben, aber sie hielten nit, sondern
schlugen 2. Dorff aus im Ammelburger=Amt, blünderten
und brandschazten dieselbigen, und verderbten mir also den

Anschlag, so ich mir gemacht hett, und kamen die Räth
gen Ammelburg, das ist des Bischoffs von Maynz, und
als sie daselbsten hörten, daß man die Dörffer gerbrand=
schazt hett, waren sie in der Nacht wieder uf, nahmen
geruhete Gäul in die Wägen, und eilten mit fort, und
wie ich bericht, haben sie damalen uf die 34000. fl.
gen Franckfort geführt, und den Fucker, der hett es dem
Bischoff zu Rom für das Pallium dargeliehen, über=
lieffert, und gieng mir also sehr übel, daß mir also in
der kurzen Zeit so viel grosse Anschläg zuruck schlugen,
und durch liederliche heillose Leuth verwahrloset worden
und hinter sich gangen waren; Indem erfuhr ich, wie ich
ein offen Hauß in Westphalen haben würde, welches ich
zuvor nit wuste, und gefiel mir wol und reit hinein, und
wolt besehen, was es für ein Hauß und wie die Sachen
beschaffen wär, und kam uf den Palm=Abend zum Hauß
in ein Weiler, das leit nit weit, sondern zu nechst darunter,
und gieng uf den Palm=Tag hinuf auch zum Amt, wie
dann ein Christen Mensch gebühret, und wie das Amt
aus war, so nahmen mich die Enthälter, der das Hauß
war, uf ein Ort, und sagten mir, wie der Graf von
Walbeck in kurzen Tagen darvor, ihnen geschrieben het, zu
ihm in seiner Flecken ein, das hieß Adorf, zu kommen,
und da sie nun kommen wären, hett er ihnen zu erkennen
geben, wie er gehört, daß ich mich zu Bottberg enthielte
wider den Stifft Maynz, nun wolt er ihnen nit verhalten,
daß er mit seinen Schlössern und Stätten, und der Herr=
schafft und Grafschaft Walbeck dem Stifft Maynz also
und dermassen verwandt und zugethan wäre, und auch
verschrieben, wäre darzu Rath und Diener, daß es ihm
in keinen Weg gebühren wolt, solches zu leiden oder zu
gebulten, und kurz, so solt man die Brandschazung nach=
lassen, die Gefangenen wieder lebig geben, und die ge=
plünderte Haab auch wieder stellen, und daß er sich damit
als ein Feind gegen mir erklärt haben wolt, das war
nun redlich von ihme, dann zu besorgen, wo ers nit
gethan hett, so möcht es mir zu Nachtheil gereicht haben,
dann ich hett auch nit gewust, daß er Maynzisch wäre
gewest, und glaub, ich wust es auf diesen Tag nit, wann

er sich nit gegen mir solchermassen als ein Feind erklärt
hett, dann ich hett mich nichts vor ihm besorgt, darob
möcht ich ein Schnapp genommen haben. Nun fragten
mich meine zween Gesellen, die Enthälter, was ich darzu
sagt oder rathen wolte, sagte ich, was solt ich rathen
oder darzu reden, er hat sich gegen uns erklärt als ein
Feind, und will unser Feind seyn, so wolt ich mich auch
gegen ihne gern halten, wie einem Feind zustund, da
fragten sie, wie ihme dann zu thun wäre, sagt ich, wie
solten wir ihm thun, ich bin ein unbekannter Gesell hierum
in dem Land, und kenne niemands, solt wol so bald ein
Feind ansprechen als einen Freund, wann wir aber Kund=
schafft kundten machen, wolt ich wol der Sachen Rath
finden, dann wir hören, was er im Sinn hat, und wolten
also dannoch lugen, daß wir alsbald kämen, als er, das
gefiel ihnen nun wol, und machten Kundschafft, daß er
in seinem Schloß einem war, das heist Willenberg, und
leit uf einem hohen Berg und ein Städtlein darbey, auch
ufm Berg, hart am Hauß daran, da hett er ein Wild=
Babt, in dem er badet, dann ich war am Palm=Abend
darfür hergeritten, dacht aber nit, daß er mein Feind
war, und hett willen in einer Kurz uf zu seyn, und in
das Land zu Güllich zu reuthen, da hett er sein Leben=
lang ein Herrschafft inn, die heißt Arnsperg, die hat ihme
der Herzog von Güllich eingeben, der war des Grafs von
Waldeck Schwester Sohn, und erfuhren auch uf welchen
Tag er uf wolt seyn, da gedacht ich selbs, solt du herum
werben, so wirst eben alsbald ein Feind als Freund an=
treffen; Ich hett aber gar einen feinen frommen Knecht,
dem ich viel und hoch vertraut, der mir auch treulich
dient, den sprach ich an, ob er nit kund ein Pferd 10.
oder 12. ufbringen, und nannt ihm nun die Ort, da ichs
gern hette, da sagt er ja, Juncker, ich weiß, fragt ich,
oder wo weistu, da sagt er, Georg Bischoff Rath, der
leibt in einem Hauß, das heißt zum Haan, der ist des
Abts von Fulba Feind, der hat stets 10. 12. oder 15.
Pferd bey ihme, und hat mir befohlen, wenn ihr sein be=
dörfft, so wolte er euch mit seinen Knechten und Pferden
bienen, da sagt ich zu ihme boz Leichnam, ich habe ihn

einmal niedergeworffen, als ich der von Nürnberg Feind
gewesen, war er ihr Diener und Rittmeister, meinst du
auch, daß ich ihme trauen darff, da sagt er, er hat mir
das zugesagt, wolan sagt ich, Georg Bischoff Rath, der
hat ein gute ehrliche Freundschafft, und einen reblichen
Vatter, desselbigen halben sein Vatter und der Freund=
schafft zu Ehren und Gefallen, hab ich ihn auch wol
gehalten, und leichtlich von mir kommen lassen, derohalben
so reit zu ihm, und sag ihm, wie du mir sein Erbieten
hast angezeigt, dessen habe ich mich nun hoch bedanckt,
wolt auch wiederum dergleichen bey ihme thun, als ein
Freund, und bitte ihn von meinetwegen, daß er mit seinen
Knechten und Pferden, so viel er in der Eyl haben können,
mit dir uf seye, dann ich hoffe, es solle mir und ihm zu
Guten kommen; Als nun mein Knecht ihne bracht, und
sie beede zu mir kamen, trug sich die Sachen dermassen
zu, daß ich freylich nit ein Stund über den Grafen von
Walbeck hielt, da kam er schon, und war gleich als starck
als ich, da befahl ich meiner Knechten zweyer, sie sollen
nichts thun, dann uf den Grafen acht haben, und solten
sich an ihne nesteln, und so viel möglich ihne nit schiessen,
noch verwunden, wo er aber entreiten wolt, so mögten sie
ihm den Gaul wol erschiessen oder erstechen, so wolt er
mich mit des Grafen Reutern schlagen; Nun es schickt sich
die Sachen also, daß es glücklich und wol zu gienge, daß
ich bald mit ihnen den Knechten fertig wurd, und ruckt
darnach den nechsten dem Grafen zu, und fand meine
zwey Knechte an ihme, als wären sie an ihne kuppelt,
wie ich ihnen dann befohlen hett, da sprach ich ihn an,
was ich mit ihme zu thun hett, daß er mir mein Brand=
schazung gefangen, enthalten und entwehret, und hett
sich darzu gegen mir erklärt als ein Feind, da sagt er
zu mir, Göz von Berlichingen, ists nit besser, ich habs
euch gesagt, dann ich geschwiegen hette, daruf ich ihme die
Antwort gab, Herr habt ihrs aus Redlichkeit gethan, so
werdet ihr sein mehr geniessen, dann entgelten, aber kurzum,
da werdet ihr mein Gefangener seyn, (und er hat es auch
der Redlichkeit halben um die 20000 fl. genossen, er und
die Seinen) also fuhren wir mit einander dahin, mit all

seinen Reuthern, die führt ich ein Weil mit mir biß irgend
ein halbe Stund in die Nacht, und wie wir anzogen, so
hüt ein Schäfer allernechst darbey, und zum Wahrzeichen,
so fallen 5. Wölff in die Schaaf, und griffen auch an,
das hört und sahe ich gerne, und wünscht ihnen Glück,
und uns auch, und sagt zu ihnen, glück zu, lieben Gesellen, glück
zu überall, und ich hielt es für ein Glück, dieweil wir also mit
einander angriffen hetten; Nun griff ich den Grafen an uf
Malparnisch Boden, darnach führt ich ihne auf Cöllnischen
Boden, darnach durch sein eigen Herrschafft, darnach durch die
Landgraffschafft Hessen, von bannen uf Herßfeld, ist auch
ein Fürstenthum, darnach uf Fulda und Henneberg, ist
auch ein Fürstenthum, darnach durch Sachsen, Würzburg,
Bamberg, Marggräfisch, Nürnberg, und Pfalzgräfischen
Boden, sind 12. Fürstenthum und die von Nürnberg, und
ist der keiner, ich hab ihren Boden und Land gebraucht
mit dem Gefangenen, biß ich ihn bracht, da er hingehört,
da hett der Bischoff von Maynz verredt gehabt, ich wäre
sein erster Feind, ich müste auch sein erster Feind ersterben,
das entbodt mir sein eigener Hauptmann Joß, Freund
bey meinem Bruder Hannßen von Berlichingen selbs, aber
es trug sich zu, daß ich nit ein halb Jahr seiner Chur=
fürstlichen Gnaden Feind bin gewest, und schickt man mir
nach, daß ich solte mit mir zu Frieden handlen lassen,
so ein gnädigen GOTT habe ich in dem allen gehabt,
und ein solchen mächtigen Fürsten in so kurzer Zeit dahin
gebracht, daß er meines Friedens begehrt hat, darum soll
sich niemand auf sein Macht und Hochmuth verlassen,
welches ich darum melden thue, daß etlich verlogene
Leuth, meine Mißgönner (sie seyen wer sie wollen) mich
des Grafen halben, und vielleicht in andern mehr meinen
Händeln, wie hierinnen gemeldt, gern so viel an ihnen
ist, verunglimpffen wolten, die ich auch zum theil zu recht
fürgefordert, und sie mir unter ihrem Sigill solchen Rechten
auszuwarten, zugeschrieben, sind aber über dasselbig treu=
los und mir zu recht flüchtig worden, wie ich das kan mit
Brief und Sigill und des Grafen von Walbeck Handschrifft
selbs, und mit andern Vertrags=Briefen und Sigillen
darthun und genugsam beweisen, und es ist auch über ein

halb Jahr nit, daß mir die Handlung ufgestanden ist, daß
ich gegen dem Stifft Maynz gehandelt hab, beßgleichen er
gegen mir auch, und was ich gegen dem Stifft Maynz gehandelt, daß ist alles ungefährlich in einem halben Jahr geschehen; Darnach kam ich in sein Anstand, und kan nit
anderst achten, dann GOtt der Allmächtig habe mir in der
kurzen Zeit als einem armen Rittermann von Abel glück und
Sieg geben, allein daß mir grosse treffentliche Anschläg durch
lieberliche fahrläßige Leuth verhindert und verwahrloßt
worden, wie hieoben vermeldt, und hab mich in meiner
Jugend in grosse Krieg, Vehb und Feindschafft eingelassen,
deren wol 15. seyn, die mich selbs antroffen, die ich auch
hinaus geführt, ohne was ich bey Kayser und König,
Churfürsten und Herrn gethan habe, und was ich auch
andern meinen Herrn, Freunden und guten Gesellen in
ihren selbs eigenen Sachen gedienet, deren auch wol so
viel seyn, die ich hierinnen nicht angezeigt habe; Nun
weiß ich kein Vehd, GOtt lob! die ich gehabt, die über
zwey Jahr gewehret hett, ich habe es zu Frieden gebracht
und hinaus geführt, GOtt dem Allmächtigen seye darum
Lob und Danck gesagt, dann ich verwundere mich etwann
selbs darüber, daß ich allwegen die Sach so glücklich und
in so kurzer Zeit hinaus bracht, nach aller oberzehlter
Handlung aber, hat mein gnädiger Herr Graf Albrecht
von Mannßfeld mein alten Reit-Gesellen, Hannß von
Selbiz zu mir geschickt, und ließ mich bitten, ihrer Gnaden
Handlung zu gestatten, zwischen dem Stifft Maynz, Graf
Philippsen von Waldeck dem alten und mir, daß ich dann
Ihrer Gnaden bewilliget, und wurde darauf ein Tag für-
genommen gen Schweinfurth, da hat mich Graf Albrecht
von Mannßfeldt und Graf Philipp von Solms 2c. mit dem
Stifft Maynz gericht und vertragen, wie dann Brief und
Sigill, die ich noch bey Handen, genugsam ausweisen.

Weiter ist männiglich in diesen und andern Lands-
Orten weit und nahe wissend und offenbar, wie Georg von
Böbigheim seel. (welcher der Zeit als junger Gesell der
Chur-Pfalz Diener gewest) unschuldig- und unbilliger Weiß
niedergeworffen worden, da bin ich Gottfried von Berlichingen
durch Graf Micheln von Wertheim, meinen gnädigen Herrn,

(so auch mein Lehenherr gewesen) Schenck Velthin und
Schenck Eberharden von Erpach, Gebrüder, (die mich gleich
kurz davor, ehe die That geschehen, Pfalzgräfisch machten)
angesprochen worden, die That, so am Georgen von Böbig-
heim begangen, zu rechen, und beschied mein gnädiger Chur-
fürst und Herr, Pfalzgraf Ludwig Hochlöbl. Gedächtnus,
Wilhelm von Habern und mich gen Heydelberg zu kommen,
und hetten Ihre Churfürstl. Gn. Graf Michaeln von
Wertheim und der Zeit Schenck Veltin und Eberharden,
Gebrüdere von Erbach, auch dahin beschrieben, samt Ihrer
Churfürstl. Gnaden geheimsten Räthen, die auch bey Ihrer
Churfürstl. Gnaden waren, und war das Ihrer Churfürstl.
Gnaden Fürhaltung, daß Ihre Churfürstl. Gnaden uns
angezeigt, wie und welcher gestalten gegen Georg von
Böbigheim gehandelt wäre worden, und wie er wieder und
über alle Recht und Billigkeit unverdienter und unredlicher
Weis unverschuldeter Sachen nieder geworffen wäre worden,
und zeiget Ihre Churfürstliche Gnaden diese Ursachen an,
des Georg von Böbigheim Vatter hett Herrn Conrad
Schotten 100. fl. geliehen, und were sie ihme lang schulbig
geweßt, die hett er ihme, da er mein Hauß Hornberg noch
inngehabt, in guten Trauen und Glauben geliehen. Nun
war meines gnädigen Herrn Meynung, daß Wilhelm von
Habern und ich die Sach solten anfangen, und uns als
Ihro Churfürstl. Gnaden Diener brauchen lassen, und sagte
ich zu Wilhelm von Habern, mein Gesell, du hast gut
Wissen, daß ich viel Vehd und Feindschaft gehabt habe,
auch meine Herrn und Freund bemühet und gebraucht, die
sich meinethalben in grosse Sorg und Gefährlichkeit begeben,
solte nun derselben guten Gesellen einer im Handel verdächtig seyn oder werden, das wäre mir beschwerlich ihn
nieder zu werffen, sonderlich so unverwahrt meiner Ehren,
und sagt, dieweil wir nun beede Pfalzgräfische Diener
weren, und es unser gnädigster Churfürst und Herr unsern
Pflichten nach je haben wolte, daß ich für gut angesehen,
wir hetten Ihro Churfürstl. Gnaden angezeigt, daß wie
wir gleichwol gestünden, daß wir verpflichte Diener weren,
aber wider jemands unverwahrt der Ehren uns gebrauchen
zu lassen, das wäre uns zum Höchsten beschwerlich, und

war demnach meine Meynung, so mein gnädigster Churfürst
und Herr der Pfalzgraf, je wolt haben, daß wir uns solten
brauchen lassen, daß wir deßhalben ein Außschreiben thun,
und männiglich, wie die Handlung an ihr selbst beschaffen,
und der unschuldig jung Gesell Georg von Bödigheim
unredlicher Weiß über daß sein Vatter seel. aus treu
nachbarlicher Meynung, daß sein wie gemeldt, hingeliehen
hat, niedergeworffen und gefangen worden, anzeigen wolten,
und wie daß er Georg von Bödigheim als ein Sohn das
hingeliehen Geld gefordert, darauf er beschrieben und be=
schieden worden, man wolte ihm einen Gaul daran geben,
der 100. fl. werth wer, er solte nit mehr dann kommen,
und ihne hohlen, wie dann er von Bödigheim gethan, und
das Pferd gehohlt, und darauf wiederum heim gen Bynen
reiten wollen, wie er aber allernechst bey Meckmühlen her=
aussfer kommen, da seye er gefangen, ihme der Gaul wieder
genommen, und er hinweck geführt worden, und war die
gemeine Sage, Herr Conrad Schotten Knecht solten solches
gethan, und ihn niedergeworffen haben, wie dann nit ohne
war, und war einer bey ihme gewest, der erklärt sich folgends
als ein Pfalzgräfischer Feind, den ich seithero gesehen,
wurde auch gleich darnach des Pfalzgrafen Diener, und ist
mir gleichwol sein Nahme entsunden, daß weiß ich aber
wol, daß es ein grosser starcker dicker Knecht war, solches
alles haben wir durch ein offentlich Außschreiben an etlichen
viel Fürsten=Höfen, wo uns bedaucht, daß sie ihre Unter=
schleifung hetten, angeschlagen, in welchem Außschreiben auch
alle diese Handlung besser zu finden, dann ich allhier er=
zehlen kan, und uf solch Außschreiben haben wir beede
Wilhelm von Habern und ich gethan, als Diener, und haben
uns gebrauchen lassen, und alsbald legt mein gnädigster
Churfürst und Herr der Pfalzgraf 2c. mir aus der Canzley
ein Zettel dar, wie ich reitten und mich halten soll, da
wurff ich den Räthen den Zettel wieder dar, und sagt, ich
wüst nach dem Zettel nit zu reiten, dann ich reit nit mehr
heim gen Hornberg, ich weiß nit was mir begegnen mag,
das steht in dem Zettul nit, ich muß die Augen selbs uf=
thun und sehen, was ich zu schaffen hab; Darauf komm
ich in Erfahrung, daß Herr Conrad Schott und sein Hauff

ein grossen Tag zu Onolzbach vor dem Marggrafen haben
solt, da thet ich mich in die Ort, und wolt mein Heil
versuchen, und schickt auch einen vertrauten Knecht gen
Onolzbach zu einem vertrauten Freund und meiner Reit=
Gesellen einem, mich der Sachen zu berichten, aber gleich
darauf brachen sie vom Tag uf, ritten heraus und hetten
95. Pferd bey ihnen, und lagen über Nacht zu Bergel,
so lag ich über Nacht zu Windsheim, nit weit davon, und
hett nit mehr dann 15. Pferd bey mir, und war mein
Kundschafft gar gut, daß sie Nachts zu Bergel lagen, darauf
ich mein Anschlag machet, daß ich wolt den Hauffen für=
lassen, und darnach uf ihren Troß fuß, wie sie von Onolz=
bach uf Bergel zu zogen waren, dringen und sie niederwerffen,
dann sie waren all gerüste Leuth, also daß ich Sorg hette,
ich schlug die Hand in die Kohlen, wie auch geschahe, dann
wie ich zu Windsheim heraus zog, da hett es ein Gründ=
lin hinauf biß gen Bergel, daß einer unsichtig hinauf
kommen könnte, biß schier gen Bergel hinan, und befahl
einem Knecht mit Nahmen Martin Mauerer, nachdeme es
ein ebene Höhe oben hinein hett, biß gen Bergel, er solt
uf der Höhe hinuf ziehen, und acht haben, ob sie heraus
weren oder nit, und so der Hauff heraus ziehe, solt er sie
ziehen lassen und mirs anzeigen.

Nun der Knecht kommt und sagt, es ziehen nit mehr
dann 15. Pferd herauß, das waren ihre Vorträber, da
wolt ich ihme nit trauen, und schickt ihne noch einmal
hinuff, und sagte, siehe eben daruf, dann es sind heut so
viel Pferd darinnen gelegen, das weiß ich, und nannt sie
in 95. und sagt es wäre ein böser Weg, es könnten über
3. nit neben einander reiten, darum solt er eben druff
sehen, wie viel herauß ziehen, und mirs wieder warhafftig
anzeigen, damit wir die Händ nit in die Kohlen schlügen,
in Summa, er kommt wieder, und sagt, ihr seyn nit mehr
dann 15. da glaubt ich ihm, und dacht nit anderst, es
wäre also, züge ein Gründlein hinauf, biß daß ich an
Hauffen hinan kam, da waren es aber wie vorgemelt, allein
die Vorträber, und kamen meine Reuter, die bey mir waren,
in ihren Hauffen hinein, und begegnet mir gleich eben zum
Glück mein Vetter Herr Sigmund von Thüngen und Hannß

von Selbiz, und spricht mein Vetter Sigmund von Thüngen zu mir, Vetter ich wolt, daß du weit hinweck werest, dann ich weiß, daß nit 10. unter dem Hauffen seynd, die gut Pfalz-Gräfl. seyn, da war mein Gesind schon unter ihn, und schlugen einander uff die Mäuler, daß ihnen die Nasen bluten, und uff Herrn Sigmunds Red ruckt ich hinein in Hauffen zu meinen Reutern, und sprach sie an und sagt, was macht ihr da, Rösch, und balb wart uf mich, daß euch Boz Rehmschend, da folgten sie mir balb, und war auch Zeit, und ehe sie sich recht besunnen, hette ich schon ein Vortheil eingenommen, und kam mit der GOttes Hülff von ihnen allen ohne Nachtheil und Schaden, wiewol etliche böse Reuter unter ihnen waren, die kamen hernach, und waren gar zornig im Halß gewößt, und hetten ein Strauß mit Herr Sigmund von Thüngen gehabt, aber er hett zu ihnen gesagt, siehe dort helt er noch, reute hin und sahe ihn, wie ich nun samt den Meinen unverletzt davon kam, wolte ich meinen Weg uff Onolzbach zu nehmen, ob irgend ein Gesind meiner Gelegenheit uff mich stiessen, und ob ich weiter mögte zur Handlung kommen, alba mir dann Herrn Conrad Schotten Hauß-Frau selbs uff stiese, und ruckt ich selb ander zu ihr zum Wagen, wolte sehen, wer sie wäre, und ließ die andern Reuter dahinden, daß sie nit gesehen würden, und so bald sie mich ersicht, spricht sie, Schwager, wo zeucht er her, sagt ich, grüß euch GOTT, Geschweyh, seyd ihrs? Ich weiß selbs kaum, wo ich her-ziehe, indeme da hielt ich schier bis auf den Abend, daß ich dannoch mögte nach Windsheim kommen, da mir nun niemand mehr uffstieß, zog ich wieder hinein, und ließ dieselbe Nacht etwas an der eisernen Hand, so mir zer-brochen war, machen, darnach thäte ich einen Streiff oder zween in derselbigen Orth, und hielt etlich Tag vor Franckenberg, und als sich Herr Conrad Schott bey seinem Schweher etwas verweilet, wurff ich mitlerweil Schenck Friderich von Limburg nieder im Feld, und gedachten ich und meine Gesellen alle nit anderst, dann Herr Conrad Schott wäre es selber aller Gelegenheit nach, dieweil er auch Meß führte, und auch Kleidung an hatte, wie Herr Conrad Schott, dann ich wuste, wie und in was Kleidung er ritt, aber es war doch Schenck Friderich von Limburg, den ließ ich auf eine alte Urpheb wieder reiten, und gab ihne wieder lebig, ich wurff auch gleich davor ein Büchsen= meister nieder, der stund Herrn Conrad Schotten zu, den vertagt ich, nit weiß ich, ob er sich gestellt hat, oder nit, und auch einen Knecht, der hieß Heinz Buschmann, den vertagt ich allhero in meiner Behausung, der stelt sich auch, und war ein wissentlicher Knecht, den Herr Conrad Schott lieb hett, den ich von Knaben weiß uf gekennt, und wust wol bey wem er allezeit in Vheden geweßt war, da schrieb ich aber meinem gnädigsten Chur=Fürsten und Herrn dem Pfalz=Gra= fen, wo Ihro Fürstliche Gnaden ihn wolten des Henckens und ewigen Gefängnuß entlassen, so wolt ich ihn Ihro Fürstl. Gnaden hinab gen Heydelberg stellen lassen, wie er sich dann ohne das in meiner Behaussung, allhier gestellt hätte, welches ich nun nit viel von Fürsten=Hauptleuthen gehört, die sich also gegen ihres Herrn Feinden gehalten haben.

Bald nach dem erfuhr ich weither Kundschafft, wie ein grosse Faßnacht zu Haßfurth seyn wird, und hetten mir Herr Conrad Schotten Knecht ein jungen Knaben (der mein Vetter war, hieß Hannß Jörg von Thüngen) auch niedergeworffen, welcher auch zu einem rechtschaffenen Men= schen worden, den hat ich verschickt in eines Fürsten Dienst zu einem Ritter des Lands Francken, sonderlich Herzog Ulrich von Würtemberg betreffend, den hetten dieselbige Knecht geführt gen Aichelsdorff (leit unterm Haßberg) zu Veltin Schotten in seine Behaussung, der hett die Knecht und dieselbigen untergeschlaifft, das erfuhr ich, und erfuhr auch mehr, daß Veltin Schott hett gesagt, wann seines Vettern Herr Conrad Schotten Knecht noch einmal kämen, er wolt sie einlassen, und wann noch ein Göz von Berli= chingen wäre, in Summa, ich hätte ein Gesind in demselbigen Orth, die mir auch lieb waren, mir guts gönnten, und dienten, und dacht wol, er Veltin Schott wird mit einem Gesind gen Haßfort kommen, sonderlich mit seinem Vettern Erhard Truchsessen, uff welchen er Veltin Schott der Zeit warte, da hett ich gar einen feinen wissenden Knecht bey mir, den ich auch Pfalz=Gräfl. machte, samt etlichen von Abel, die in demselbigen Orth daheim waren und mir

Göz von Berlichingen.   6

dienten, und hett 16. Pferd, und zwey Buben darunter, als wir nun uf sie hielten, da ziehen sie daher bey 10. oder 12. Pferden, wie wir sie erstlich anschlugen, und dieweil sie nit mehr hetten, theilten wir unß, und gab ich Georg Gebsattel die besten Knecht zu, daß sie solten bey einer Mühle hinüber ziehen, dann sie konnten sonst nit über das Bächlein kommen, daselbst, und solten ihnen unter Augen ziehen, treffen sie dann mit ihnen, so wolt ich nit weit von ihnen seyn, treffen sie dann mit mir, so solten sie besselbigen gleichen auch thun, in Summa, ich ruckt zu einem Dorf hinter eine Scheuer, und meint ich wolt Veltin Schotten und den Erhard Truchsessen mit ihrem Hauffen für lassen, und wolte ihnen uf dem Fuß nach ziehen, wie ich dann den Bescheid mit meinen Reutern gemacht hett, da wurden sie aber mein gewahr hinter der Scheuren, und ruckten bey dem Dorff zusammen, uf ein Büchelein, und hetten ihre Spieß uff den Beinen und ihre Arm=Brüster uffgebracht, wie dann ein jeglicher gerüst war, da zog ich Fuß für Fuß zu ihn, das thete ich darum, damit der Georg Gebsattel, und die andern Reuther die ich von mir geschickt hett, mögten auch desto eher mir zu Hülff und zum Handel kommen, und war mir darbey die Weil nit kurz, dann je näher ich zu ihnen kam, je grösser mich daucht der Hauffen seyn, und hetten bey 4. oder 25. Pferd. Nun wolt ich mit GOttes Gnad und Hülff wol von ihnen kommen seyn, so gedacht ich aber die 6. Pferd, die ich von mir hett geschickt, mögten darob geschlagen, gefangen und erstochen werden, das mögte mir zu grossem Nachtheil und Schaden gereicht haben, und daß ich dem Bescheid nicht nachkommen war, wie ich dann mit ihnen gemacht hett, und wie sie uf dem Büchelein halten, hielt ich darunter, da ich aber nit kommen wolt, da kommen sie, und durch=rannt mir Erhard Truchseß ein Knecht, der hieß Leonhard Schmidle, und war Pfalz=Gräfl. und sonst kein Pfalz=Gräfl. Knecht bey mir, dann derselbig, daß er dem Gaul mit seinem Rucken ufm Rucken lag, darauf ich ihne Erhard Truchsäßen auch so bald vom Pferd herab stach, daß er mit samt dem Feberbusch im Dreck lag, daß dann, wie ich acht, unser groß Glück war, nun war einer bey ihme, der hat eine Arm=Brust und schoß uff mich ab, und hett das Arm=Brust nach mir geworffen, welches ich nit gesehen hett, dann ich hett mit den andern zu schaffen, daß ich sein nit warten kunt, da gieng es, daß ich bey 3. oder 4. mal mit den 10. Pferden und 2. Buben durch= brechen must, ehe dann die andern 6. Pferd zu uns kamen, darnach fiengen wir sie alle, ohne die uns entritten, und hätten sie alle gethan, wie der gut fromm Erhard Truch= säß und ein Knechtlein, so beym Bernhard von Hutten gewesen, es wär mein und meines kleinen Häuffleins übel gewart worden, dann wann ich schon das Männlein etwan einmal von mir bracht, und ich etwann sonst an einem andern war, so kam es von Stund an wieder an mich, es hub mich auch durch den Panzer=Ermel hindurch, daß es ein wenig gefleischt hett, und hett ich sonst so viel zu thun, daß ich sein nit allein gewarten kunt, und dasselbig Männlein entboth mir darnach, wann ich es zu einem Diener annehmen wolt, so wolt es mir ein Jahr umsonst dienen, nit weiß ich, was es an mir ersehen hat, da ent= both ich ihme, es solte kommen, ich wolte es nit umsonst begehren, sondern ich wolt ihn halten, wie einen andern Knecht, und wiewol mir das Männlein uf dem Tag hart zusezt, und ich sein nit bedorfft, so hett ich ihne doch gern zu einem Diener angenommen, dann er gefiel mir uf den Tag nit mehr dann zu wol, in Summa, ich fieng sie alle, und gab sie doch uf eine alte Urpheb wieder ledig, ohn allein Veltin Schotten, der Herr Conrad Schottens Knecht, meinen jungen Vettern von Thüngen, auch meinem gnädigen Churfürsten und Herrn Pfalzgrafen und mir zu Nachtheil und zu wider eingelassen und untergeschleifft hett, den behielt ich Georgen von Bödigheim und meinem Knaben und Vettern Hannß Georgen von Thüngen zu gut bey meinen Handen, und ist diese Handlung alle, wie vor= und nach= gemeldt ist, ungefehrlich in einem Monath oder zweyen von mir und meinem kleinen Häuflein außgericht worden, wie dann hievor auch gemeldt ist, und wie ich sie alle ledig gabe, und furt zoge, da stiessen wir irgend ein viertel Meil Wegs wieder uf einen andern Hauffen, die hetten ungefehrlich uf etlich und 30. Pferd, und wolten den andern

gleich nachziehen, und auch uf die Fastnacht gen Haßfurth
kommen, da dacht ich wol mein Schwager Sigmund Truch=
säß wäre darunter, der hett mein Schwester, den fordert
ich aus dem Hauffen, daß er zu mir käm, der sagt mir,
wer die Reuter alle wären, da sagt ich ihme gleichwol,
wie es mir gangen wäre, und liessen sie mich bey ihnen
hinziehen, und als es ihnen gesagt, daß ich es gewesen
wäre, hetten sie ein theil viel böser Red und Wort getrieben;
Nun war ich Herr Conrad Schotten schuldig noch am Hauß
Hornberg 2000. fl. die solte ich ihme auf St. Peters Tag
zu Schweinfurth erlegen, wie ich auch uf dieselbige Zeit
thet, und war sein Haußfrau da, die empfieng das Geld,
und wie ich die Quittanz von ihr nahm, und gehe auf
dem Marckt heim der Herberig zu, so kam des Marggrafen
Stallmeister zu mir ufm Marckt, der kennt mich nun wol,
und sprach mich in allem guten an, und warnet mich und
sagt, wie denselbigen Tag bey 60. Pferden uf ihne gestossen
weren, nit weit von Schweinfurth, und ich solt mein Sachen
in guter Acht haben, dann er hette gemerckt, daß es wider
mich were, und ich danckt ihm, wie billig, und hört es auch
gern, damit ich mich kunt darnach richten.

Nun dacht ich doch vorhin, ohne diese Warnung, Herr
Conrad Schott, der wird sich regen, und mir irgend ein
Possenspiel zurichten, und nahm mich nichts an, gieng in
die Herberig, und aß zu Nacht, das wol ein Stund oder
zwo in die Nacht, und alle Thor zugemacht und verschlossen
waren, und hette Sorg, sie hielten vor allen Thoren, und
sonderlich am Mayn=Thor, oder an dem Thor gegen dem
Schweinfurther Gau zu, da ich hinreiten wolt, und wie ich
sorgt, also war es auch, und nahm mir für, ich wolt zu
dem Thor hinaus gegen dem Schleichtig zu, wie ich dann
thet, das war nun nit meines Wegs, sondern damit ich
ihnen entgehen mögte, dann ich hette wenig Pferde bey
mir, und nit mehr dann meine Knecht, und befahl meinen
Reutern, ehe wir hinaus zogen, daß sie den nechsten die
Spieß uf den Beinen hätten, dann hielt schon ein Gesind
vor uns, so wolten wir den nechsten mit ihnen treffen, und
durch sie schlagen, aber ich hatt das rechte Thor vorgenommen,
dahin sie nicht gedacht hetten, daß ich zu selbigem Thor

hinauß solt, aber die andern zwey Thor, wie ich Sorg hett, die hetten sie verhalten, und mußt ich mein Vortheil suchen, wie ich über dem Mayn wolt, wieder uf Heydelberg zu, ich hett aber doch darvor mein gnädigen Churfürsten und Herrn durch Hannßen von Rottenhahn verständiget, was ich gehandelt hett, also kam ich zu Zellingen über den Mayn, darnach durch die Herrschafft Wertheim herein wieder uf Heydelberg zu.

P. II.
Folgt der Bauren-Krieg.

Weither ist auch männiglich wol wissend, daß in dieser Lands-Arth eine grosse Bäurische Uffruhr sich erhebt, dergleichen vor nie gewesen, da schrieb mir mein Bruder Hannß von Berlichingen seel. anhero gen Hornberg, ich solt zu ihm kommen, nachdem viel Bauren zu Schönthal legen, solt ich ihm helffen, damit sie ihn nicht übereilten, das thet ich nun als ein getreuer Bruder, kam dahin, und handelte so viel mit denselbigen Hauptleuthen, daß sie ihn zu frieden liessen, darnach braucht mich der Teutsche Meister in das Weinsperger-Thal, da reit ich als ein getreuer Nachbar Ihro Fürstl. Gnaden zu Ehren und Gefallen, und mit grossen Sorgen dahin, was mir begegnet, das zeigt ich Ihro Fürstl. Gnaden und dero Befehlchhabern zu Horneck an, und sonderlich, daß sie kein Geschütz hetten, nit ein Büchsen, daß sie könnten ein Stein ausser einer Mauer schiessen, welches ich darum thet, damit die zu Horneck sich desto besser darnach richten könnten, dann es waren etliche Leuth darinn, also daß das Hauß dannoch besetzt ward; Wie nun die Bauren zu Weinsperg gehandelt haben, das ist männiglich in diesen Lands-Orthen wissend, und zogen sie darnach herab den nechsten uf Horneck, und nahmen es ein ohne alle Wehr, wie wol ich nit mehr Pfalz-Gräflicher Diener war, so wer ich doch gern bey Ihro Chur-

Fürstl. Gnaden in dieser Handlung gewest, und befahl demnach Wilhelm von Habern, daß man mir schreiben solt, wie ich mich solt halten, dann ich hett Sorg, dieweil sie nahe da lagen, sie würden mich auch übereilen, darzu besorgt ich auch meines Weibs und Kindern, die lag auch eines Kinds der Zeit innen; Nun hett mich mein Bruder und andere meine guthe Freund und Gesellen bescheiden in ein Holz bey Boxberg, das heisset das Hespach, da ich dann mit grossen Sorgen zu ihnen kam, dann der Teuffel war überall lebig, da bedachten wir uns mit einander, zu welchem Fürsten wir doch ziehen wolten, der in der Nähe wär, da zeigte ich an, wie ich keinen Fürsten müste, der in der Nähe wäre, dann meinen gnädigsten Herrn den Pfalz-Grafen, der hett sich beworben, und wer der meiste Theil unter uns der Meynnung, daß wir wolten zum Pfalz-Grafen reiten, da sagt ich, ich wäre einer Schrifften wartend, was mir begegnet, wer es möglich, so wolt ich sies wissen lassen, und reit auch von Stund an mit grossen Sorgen in mein Behauffung, und ehe ich mich austhet, da fragt ich mein Weib, ob kein Brief von Heydelberg kommen wer, da sagt sie nein, da erschrack ich warlich übel, daß ich nit wust, wie ich mich halten solt, dann es giengen die Red, daß sich mein Herr der Pfalz-Graf wolt mit den Bauren vertragen, daß ich nit wust, wie ich ihm thun solt, hab auch seither denselbigen Brief nit gesehen, aber so viel erfahren, daß er meiner Schwieger und meinem Weib worden ist, und als sie solchen meiner Schwieger gelesen, hat sie ihr befohlen, sie sollt mir bey Leib und Leben nichts darvon sagen, sonst wären sie all gestorben und verdorben; darum ich solchen Brief, wie gemelt, nit gesehen, und kame um der Ursachen willen in all mein Unglück und Unrath, das mir begegnet ist, habe auch alsbald barnach, da ich die Sachen besser erfahren, die Schwieger nit länger in meinem Hauß haben wöllen, sie ist auch seithero nit mehr darein kommen, und wie die Bauren zu Gundelsheim lagen, da waren daselbst etliche von Berlingen, und auch andere, als nemlich Beringer von Berlingen, ein sehr alter Mann, und auch mein Bruder Wolff von Berlingen, und andere mehr vom

Abel, die wuſten auch nit wo aus oder ein, hetten all gern Frieden erlangt, unb war ich auch bey ihnen, unb vertrugen ſich mit den Bauren, wie andere mehr Fürſten Grafen unb Herrn gethan haben, aber ich hett mich in keinen Weg weder mit Worten noch mit Wercken mit ihnen denen Bauren eingelaſſen, ſondern mich für unb für uf enthalten, unb zog wieder in mein Häußlein, unb hofft immer uf die Schrifften von Heydelberg, wie ich bann mit Wilhelm von Habern geredt hett, ſie ſolten mir zugeſchickt werden, unb weiß noch uf dieſen Tag nit einen Buchſtaben ihres Innhalts, darauf wolt ich ſterben, unb ſo wahr als GOTT im Himmel iſt, unb bey meiner Seelen Heil unb Seeligkeit, unb wie ich in meinem Hauß war, da brachen die Bauren zu Gundelsheim wieder uff, unb ſchickten die Hauptleuth meinen Schulbheißen zu mir, ich ſolt zu ihnen kommen, ſie hetten was mit mir zu handeln, wuſt ich doch nit, wie oder wann, furcht mich auch, ſie mögten mich übereilen, daß es meinem Weib unb Kindern unb den Meinigen zu Nachtheil mögt ge= reichen, bann ich hett kein wehrſames Volck in meinem Hauß, ſo wären die Bauren all voll Teuffel unb wolten Knecht unb Mägb auch nicht guth thun, alſo zog ich mit dem hinauf, unb ſaß vorm Wirthshauß ab, unb will hinein gehen, als ich auch thet, ſo gehet Marx Stumpf von Bauren die Stegen herab, unb ſpricht, Göz biſtu da, da ſagt ich ja, waß iſt die Sach, waß ſolt ich thun, oder waß wollen die Hauptleuthe mein, da hebt er an, bu muſt ihr Hauptmann werden, da ſagt ich GOtt mir nit. das thue der Teuffel, warum thuſtu es nit, thue bu es an meiner ſtatt, da ſagt er, ſie haben mirs zugemuth, ich hab mich aber von ihnen geredt, unb wann ich es meines Dienſts halb thun könnt, ſo wolt ichs thun, ſo ſagte ich, wie vor, ſo will ichs nicht thun, viel ehe ſelbs zu benen Hauptleuthen gehen, verſiehe mich, ſie werden mich nicht darzu zwingen oder nöthigen, da ſagt er, nimms an meinem gnädigen Herrn unb andern Fürſten unb uns allen, bem gemeinen Abel zu guth, da ſagt ich, ich wills nit thun, unb gieng barauf zum Hauptmann ſelbs, unb erlangt guten Beſcheib, allein baß ſie mir das anhengten, ich solt zu den andern Hauptleuthen auch gehen, die unterm Hauffen draussen vorm Thor wären, wie ich sie dann im Feld sehen würde, und solts ihnen auch anzeigen, und sie, wie ihnen angezeigt hett, bitten, das thet ich, reit hinaus, und sprach sie an, eine Rott nach der andern, wie sie dann in allen Fehnlein Hauffenweiß bey einander waren, da fand ich aber guten Bescheid bey allen Fürsten, Grafen und Herrn, Verwandten und Unterthanen, die im Hauffen waren, ausgenommen bey den Hohenlohischen, die nahmen meinen Gaul bey dem Zaum, und umringten mich, mit Vermelden, ich solt mich gefangen geben, geloben und schwören, den andern Tag bey ihnen zu Buchen im Leger zu seyn, da würde ich sie finden, und ohne ihr Wissen nit abziehen, die Gelübb zwang mich, daß ich mich zu ihnen gen Buchen stellt, damit nit mein Weib und Kind und andere darunter von Abel beschädiget würden, und thet es mit traurigem betrübtem und bekümmerten Herzen, dann ich ließ mich nit gern erwürgen, wie sie dann neulich vielen Frommen von Abel zu Weinsperg gethan hetten, und ich hoffte noch immer, ich wolt etwas guths erlangt haben, und zog also des andern Tags mit traurigem Herzen zu ihnen ins Leger, und wünscht mir vielmahl dafür, daß ich in dem bösten Thurn leg, der in der Türckey wäre, oder uff Erdrich, es wäre wo es wolt, und gieng mir, wie GOtt wolt, wie mir gleich GOtt aushilfft; Nun ich kam zum Hauffen, GOtt erkannt und weiß, wie mir war, da nahmen sie den Gaul bey dem Zaum, und must ich abstehen zu ihnen in Rinck, da redten sie mit mir der Hauptmannschafft halben, das schlug ich ihnen nun frey und gut rund ab, ich kunt und wust es meiner Ehren und Pflichten nach nit zu thun, darzu ver= stund ich mich nit ihres Handels, dann ihre Handlung und meine Handlung, und ihr Wesen und mein Wesen, wäre als weit von einander als der Himmel von der Erden, darzu kunt ich es auch gegen GOtt, Kayserl. Majest. Chur=Fürsten, Grafen und Herren, und der gemeinen Ritterschaft und gegen den Bund, auch allen Ständen des Reichs Freunden und Feinden mit Ehren nit verantworten, und bath sie solten mich dessen erlassen, aber es war verlohren, kurtzum ich

solt ihr Hauptmann seyn, da sagte ich, ehe ich ihr
Hauptmann seyn, und so tyrannisch handlen, wie sie
zu Weinsperg gethan und gehandelt hetten, oder auch
darzu rathen und helffen solt, ehe müsten sie mich
zu tobt schlagen, wie ein wüteten Hund, da sagten sie, es
wäre geschehen, wo nit, geschehe vielleicht nimmer; Nun
kamen die Maynzische Räth auch gen Buchen ins Feld
zum Gespräch, und Marx Stumpff mit ihnen, deren
waren unter 5. oder 6. nit, und war freylich einer, hab
ich anderst recht behalten, darunter, der hieß der Rucker,
in Summa die Maynzischen Räth bathen mich auch, wie
Marx Stumpff, ich solte solche Hauptmannschafft ihrem
gnädigsten Herrn zu Gefallen, auch allen Fürsten und dem
Abel hohen und niedern Ständen im Reich zu gut an=
nehmen, ich mögte viel Unraths damit vorkommen, da
sagt ich drauf, wann die Bauren von ihrem Fürnehmen
wolten abstehen, und der Obrigkeit und ihrer Herrschafft
gehorsam seyn, mit ihnen Frohnen, Recht nehmen und
geben, wie von Alters Herkommen wäre, und sich halten
gegen ihre Obrigkeit als wie frommen gehorsamen Unter=
thanen und Hindersassen wol anstehet und gebühret, so
wolt ich es 8. Tag mit ihnen versuchen, da schlugen sie
mir eine lange Zeit für, aber es kam letzlich uf ein
Monath, doch daß sie in allen Herrschafften und Aemtern,
Städten, Flecken und Dörffern, sie weren gleich daheim
wo sie wolten, weit oder nahe, unter ihrem Sigill hinder
sich schreiben, daß sie dem allem, wie obgemeldt, nach=
kommen wolten, und auch keines Fürsten oder Edelmanns
Hauß nit brennen oder beschädigen, und nahm darauf
etlich ihre Räth und Hauptleuth, die mich taugten tüglich
darzu zu seyn, und war sonderlich deren einer Wendel
Hippler, ein feiner geschickter Mann und Schreiber, als
man ungefehrlich einen im Reich finden solt, war auch
etwann ein Hohenlohischer Canzlar gewest, und theten
ihme die von Hohenlohe, so viel ich wissens hab, auch nit
viel gleichs, den nahm ich zu mir und machten einen
Vertrag, wie vorgemeldt, daß sie gehorsam solten seyn,
und dergleichen, und schreiben es hinder sich in alle Amt
und Herrschaft, wo ein jeglicher daheim wer, und wurd

auch solche Betheydigung und Vertrag überantwort, und vom hellen Hauffen und ihren Hauptleuthen bewilliget, daß ich nit anderst wust, dann die Sach stund desselbigen halben, wie gemeldt, gar wol und were angenommen; was geschahe aber, sie wolten hinab ziehen, von Ammer=bach gen Miltemberg, und wolt Graf Georg von Wert=heim auch dahin kommen, daß er sich auch mit denen heyllosen Leuthen vertragen mögte, und ziehe ich dahin, und will wehnen, sie ziehen mir nach, so halten sie ohne wissend mein ein Gemein mit dem ganzen Haufen, und war das die Meynung, die Bauren, den man hinter sich geschrieben hat, weren mit ihrer Bottschafft da, und sagten, sie wolten wehnen, sie kriegten um ihre Freyheiten, so wer ihnn geschrieben worden und gebotten, sie solten eben thun, wie vorhin auch, und dergleichen, und machten also ein Ufruhr unter dem Hauffen, daß sie zusammen schwuren und die Finger ufreckten, mich und diejenigen, die solchen Vertrag ufgericht und ihnen zugeschickt hätten, todt zu schlagen, um der Ursach willen, wie obgemeldt, daß sie dem Vertrag, den wir ufgericht hetten, nachkommen, und also halten solten, da wust ich HErr GOtt! nichts darum, und zeug doch den Hauffen zu und wolte sehen, was die heillosen Leuth für ein Handel hätten, so läufft ein Kriegsmann herab, der war von Heilbronn, und war auch bey den Bauren, (den hette ich kennt, als unser etliche, als Philipps Echter, Franz von Sickingen, ich und andere gute Freund und Gesellen Umstatt einnahmen, da er Franz für Darmstatt lag) der gemeints ohne allen Zweiffel treulich gut gegen mir, und hett alle Redt gehört, daß ich nit wuste, der sagt mit kurzen Worten zu mir, Juncker reit nit zum Hauffen, da war ich schellig und schwur übel, daß euch Boz der und jener uf ein Hauffen schendt, was habe ich dann gethan, dann ich kunte nit wissen, was es war, oder warum ich besorgen solt, hette an den Vertrag nit mehr gedacht, sondern gemeint, es blieb dabey, und stunde gleich=wol, wie ich schier zum Hauffen kame, da sahe ich ein Schloß brennen, daß heist Willenberg, ist des Bischoffs von Maynz, welches alles wider den Vertrag, den wir ufgericht hetten, gehandelt war, und wie sie mit mir thay=

bigten vor Buchen, und wolten mir alsbald oblaut länger
Zeit bey ihnen zu bleiben uflegen, dann ich thun wolt,
da sagte ich frey zum ganzen Hauffen, sie solten mich also,
wie ich bewilligt, die 8. Tag bleiben laffen, ich wolte mich
dermaffen halten, sie solten mein eben alsbald müdt werden,
als ich ihr, und das geschahe auch, und wehrt solche
Hauptmannschafft nit über 8. Tag, wie ich gesagt hett, also
zogen sie nein für Würzburg, und lag das Leger hieaus
zu Huttberg, da hatten sie abermal ein Gemein, und wolten
weder Fürsten, Herrn noch Edel=Leuth bey ihnen haben,
und gaben mir auch vor der Zeit, wie ich ihnen gesagt
habe, Urlaub, da war ich mein Lebenlang nicht fröher,
dann ich ließ mir in den 8. Tagen, was ich im Sinn hett,
das Herz nit abstoffen, wie ich dann nie kein Heuchler
gewesen bin, und noch uf diesen Tag nit, und redt nichts,
daß ihnen gefallen thet, gab ihnen auch nit Recht, wo sie
Unrecht hetten, als sie nun gen Würzburg kamen, richten
sie die Sach dahin, daß man sie hinein in die Stadt ließ,
und lagen bey St. Burckhards Münster und daselbst herumer
um die Brucken, auch vielleicht zum Theil in der Stadt
darinnen, dann es waren der Hauffen viel, und wie wir
also etlich Tag zu Würzburg gelegen, da kommt ein guter
frommer treuherziger (der vielleicht sahe, daß ich die
Sachen meiner Meynung nach, treulich und gut gemeint,
und nit einem jedweden redt, was ihm wol gefiel) zu mir
allein und warnet mich, ohne Zweiffel aus redlich treulicher
Meynung mir zu gutem, und sagt, ich wär ein guter
freyer Edelmann, und redt frey, nit einem jedlichen was
ihm wol gefiel, und wäre kein Heuchler, aber er rieth mir
doch vertreulicher Weiß, ich solte solcher Redt müßig gehen,
und solte mich auch bey Leib und Leben nichts mercken
laffen, daß er mich gewarnet hett, dann wo ich es nit
thun werd, so wäre beschlossen, sie wolten mir den Kopff
herab schlagen, und war derselbig darzu der Sibener und
innern Raths einer, waß die Bauren beschlossen, das nahmen
sie an, und was sie handelten, das were gethan, darbey
musten die Bauren bleiben, das nahm ich nun willig,
(dann ich merckt, daß ers treulich und gut gemeint) zu
groffem Danck an, und war wohl bedacht, was ich thun

ober wie ich mich halten solt, so lag mir das im Weg,
daß ich ein Monath zu ihnen globbt und geschwohren hett,
nun hielt ich mich, wie vorgemeldt, daß es acht Tag wehret,
daß sie mir Urlaub geben, ich blieb aber doch bie 4. Wochen,
wie ich gelobbt und geschwohren hett, damit sie nit Ursach
hetten, als ob ich mein Glübbt und Pflicht nicht gehalten.
Deme sey nun wie ihm wöll, so wüst ich weder zu Würz=
burg noch im Leger von ihnen zu kommen, dann wann
GOtt vom Himmel zu mir kommen wäre, so hätten sie
ihne nit mit mir reden lassen, es weren dann 10. ober
12. darbey gestanden, die zugehört hetten, so hett ich Sorg,
wann ich schon von ihnen kommen wäre, alle Fürsten,
Grafen, Herrn, Ritter und Knecht, die hetten mein entgelten
müssen, aus der Ursach, daß ich meiner Glübbt und Pflicht,
wie ich ein Monath zu ihnen gethan hett, nit nachkommen
wär, und mögten dasselbig für ein Ursach fürgewendt
haben, damit es viel unschuldigen Leuthen vom Adel und
andern zu Nachtheil gereicht haben würde; Indeme gab
GOtt der Allmächtig dem Schwäbischen Bund Sieg und
Glück, daß sie ein Hauffen im Land zu Schwaben schlugen,
da merckt ich wol, daß ihnen die Katz den Ruck hinauf
lieff, darum sie dann bald zu Würzburg ufbrechen, und
zogen heraus uf Lauda zu, und hetten das erste Lager
an der Tauber, darnach zu Krauttem, darnach uf die
Neuenstatt, und durch die Hohenlohischen Orth, und blieb
ich bey ihnen, biß gen Abolzfurth, das ist auch Hohenlohisch,
da hetten sie ein Lager, und war eben uf demselbigen
Tag mein Zeit und Ziel der 4. Wochen, wie ich zu ihnen
verpflicht war, aus, und dacht ich, nun ist es Zeit, daß du
sichst, was du zu schaffen hast, und ich glaub nit, daß sie
die Abentheuer wusten, daß eben meine Zeit aus war, ich
wust es aber wol, denn ich rechnete schier alle Tag einmal
daran, also gab GOtt der Allmächtige Glück, daß ich von
benen bösen ober frommen Leuthen, wie ich sagen soll, kam;
    Nun hat ein jedweder ehrlicher verständiger Mensch,
er sey, wer er wöll, aus dieser meiner schrifftlichen Anzeigung
leichtlich und wol zu vernehmen, ob ich mich wohl ober
übel bey dem Bauren=Krieg gehalten hab, und wolte auch
gern einen reblichen Menschen, er sey, wer er wölle, ob

er schon parthehisch wäre, hören davon reden, wie ich mich doch anderst bey einem solchen tyrannischen Volck, wie ich zu ihnen verpflicht bin geweſt, gehalten haben ſolt, dann wie ich gethan hab, und hett ich es beſſer gewuſt, ſo wolt ich es auch beſſer gethan haben, und ich weiß nichts, daß ich gethan hab, dann daß ich manchen Chur= und Fürſten, Geiſtlichen und Weltlichen, auch Grafen, Herrn und Rittern und Knechten, hoch= und niedern Stands, groſſen mercklichen Schaden, ſo viel mir möglich geweſt, verhüt hab, auch darum mein Leib und Leben in Gefährlichkeit begeben, daß ich kein Tag wuſt, daß ich ſicher war, daß ſie mich nicht zu todt= oder den Kopf herab ſchlugen, und kan mir auch keiner, er ſey, wer er wöll, uflegen, daß ich je einem eines Neſtels werth genommen, entwendt oder begehrt hab, ſondern ſo viel wie möglich einem jeden für Schaden und Nachtheil geweſt bin, auch mein Lebenlang in keinem Krieg geweſt, da ich GOtt mehr und vielfältiger in dem Feld um Frieden, daß mit Ehren und Fuegen davon kommen mögt, angeruffen und gebetten hab, dann bey denen ehr= loſen Bauren, und iſt auch die Wahrheit, das der Abt und das Convent zu Ammerbach den Haupt=Leuthen, wer ſie dann waren, jedlichen ein oder zween Becher gaben, und wolten mir auch zween geben, das merckt ich wol, daß ein Betrug dahinter war, aber die andern nahmen ihr all, allein ich gab ihnen meine zween wieder, und ließ ufm Tiſch ſtehen, und wolt ihr nit, nit weiß ich, wo ſie hin= kommen ſind, ich habe ihr kein in mein Hauß gebracht, dann etlich Ding kauffet ich den Bauren ab, und wolt wehnen, es were Silber und übergulbt, aber es waren mößinge Röhren und übergulbet, und liehe mir auch Leon= hard von Thurn daſſelbig Gelb, das ich ihme wieder er= ſtattet, und weiß nit ein Pfenning, daß ich es genoſſen hab, und hat mich gleich wol nach ſolchem Handel glaubig angelanget, wie der Abt von Ammerbach ſich hören laſſen, er habe viel Silber=Geſchirr verlohren, und der Mehnung, ob es ihme entwendt wäre worden, davon ich dann bey der Göttlichen Wahrheit nit weiß zu ſagen, dann daß ich mit dem vermeinten Geſchirr, als ob laut zum höchſten betrogen worden, welches die gründliche Wahrheit iſt, und

viel guter ehrlicher Leuth darum wiſſens haben, ſo hat
man auch daſſelbig Silber-Geſchirr, das der Münch klaget,
darnach da er ſterben wolt, hinter ihme ſelber unter ſeinem
Bett, darauf er geſtorben iſt, funden, iſt gut zu bencken,
daß ers ſelber wolt behalten, und wollen verdiſtuliren,
das hat mir mein Pfarrherr einer, der ein frommer
ehrlicher Mann, und freylich nie kein Lügen von ihme
gehört worden, anzeigt, mit Nahmen Friederich Wollfarth,
der dann länger als 50. Jahr mein und meiner Brüder
Pfarrherr zu Jagſthauſſen und Neuenſtetten geweßt;
der es von etlichen München aus dem Convent zu Schönthal gehört, dahin es ohne Zweiffel von den München zu
Ammerbach kommen, wie dann die München einander nichts
verhelen, das habe ich dannoch zu Entſchuldigung meiner
Ehren, und andern, die der Sach auch unſchuldig ſeyn,
nit unangezeigt laſſen wollen.

§. II.

Un kan und will ich meiner groſſer Nothburfft nach
auch einem jeden nit verhalten, daß ich auf etlich
Leuth Anſuchen, die meinethalben mit Herrn Georg
Truchſeſſen geredt, zu ihme gen Stuttgarden geritten, der
dann ein Obriſter Hauptmann und Gubernator über das
ganz Würtemberger-Land geweſt iſt, und wie ich nun
etlich Tag bey ihme zu Stuttgarden verharret, und wir der
Bäuriſchen Ufruhr und anderer Sachen halber viel Sprach
mit einander gehalten haben, trug ſich zu, daß er mich
zu letzt anſprach, ich ſolt Königlich Majeſtät Ferdinandus,
der jezund Kayſer iſt, Diener werden, und wiewol ich
wuſt, wo ich hin ſolt, und guten Plaz wolt gehabt haben,
da ich denn auch gern geweſt wäre, und hette mir ein
guter Freund daſſelbig zugeſchrieben, jedoch gedacht ich, das
ichs meines Weibs und Kinder auch meiner Armuth halb
etwas thun muſt, und auch daß ich Kayſerl. Majeſtät,
unſerm allergnädigſten Herrn, der dann unſer Obriſter
Herr im ganzen Römiſchen Reich iſt, billiger und ſchuldiger
zu dienen, dann einem andern ſeyn ſolt, und ſagts ihnen
derohalben zu, daß ich keinen andern Herrn wolt annehmen,

sondern seines Bescheids erwarten, doch so fern, daß es
auch glaub wer, darauf ichs mehr dann einmal Ihro
Gnaden zugesagt, ich wolte mich daruf verlassen, da sagt
er mirs auch zu, und solt ich wie billig und meinen Zu=
sagen nach Glauben halten, und war selten ein Wochen,
ich reit einmal gen Stuttgarden, und lud er mich und thete
mir alle Ehre an, und meint, des Bescheids halben stund
es gleich wol, wie es aber mir gangen, das weiß GOtt,
dann ich bey solchem Trauen und Glauben in des Bunds
Hand unschuldig niedergeworffen worden, wie ich dann
hievor genugsam gemeldt und angezeigt habe, und hette
ich mir selbs gefolgt, so wolt ich mich an allen meinen
Feinden gerochen haben, es wäre dann Sach, daß ich
darob zu Grund gangen seyn möchte, welches zu GOtt
dem Allmächtigen gestanden wäre, und wurde ich dergestalt
verglübbt, wann man mich mahnt, so solt ich mich stellen,
und war mir doch kein Plaz, weder in mein Behaussung
oder anderstwo, da ich mich stellen solt, benannt, allein ich
solt der Mahnung warten, und liessen mich darauf wieder
reiten, daraus dann ein jeglicher wol erachten kan, wann
ich mich der Gefängnus hochbesorgt, oder schuldig gewust
hette, daß ich wol an ein Ort wolt geritten seyn, daß sie
mich ihr Lebenlang nicht solten gemahnt ¦haben; wolt
demnach wol Rath haben funden, oder so ich mich gestellt
wolt haben, wolt ich es mit Unterschied gethan haben, das
ich dann alles (alsdann) wol gewust hett, als einer der lebt,
aber ich wust mich solcher Sachen frey, unschuldig, und das
noch mehr ist, da ich mich stellen solt und wolt, da kam ich
gleich in kurzen tagen davor gen Wertheim zu meinem
gnädigen Herrn Grafen Georgen von Wertheim, der dann
gar mein vertrauter und gnädiger Herr war, der mir auch
über sein Leib, Haab und Gut, Land und Leuth vertraut,
deßgleichen vertraut ich Ihro Gnaden auch, und war mein
Lehenherr darzu, und allba lag Herr Tillmann von Premen,
der war der von Nürnberg Diener und Rittmeister, und
so ich recht behalten, ihr Schuldbheiß darzu, und lagen all
in meiner Herberig zu Wertheim, da ich innen lag;
   Nun mein gnädiger Herr Graf Georg 2c. der schickt
gegen den Abend ganz spät, da wir schon zu Nacht gessen

hetten, einen zu mir in die Herberig, daß ich folt am
Morgen zum Früh=Essen droben im Schloß bey Jhro
Gnaden seyn, das thät ich, fand auch schon Jhro Gnaden
uf mich wartend, wie sie mich bescheiden hätten, dann er
war ein emsiger Herr in seinen Sachen, und bot mir die
Hand, empfieng mich, und fragt mich in allem Gutem und
treuer Meynung, wie ich mich halten wolte, ob ich mich
gen Augspurg stellen wolt oder nit, da sagt ich ja, dawider
rieth er mirs warlich aus treuer Meynung, anderst konnt
ichs nit mercken, und sagt, ob ich mich aber stellen wolt,
da sagt ich, ich will mich stellen, solt ich wissen, daß sie
mich zu unterst in Thurn werffen, dann ich weiß mich der
Sachen, der Bäurischen Aufruhr halben, wie Euer Gnaden
selbst wissen, unschuldig, und mit guten Ehren wol zu
verantworten, da fuhr er weiter heraus und sagt, er wolt
mir in guter treuer Meynung nit verhalten, daß Befelch
verordnet wäre von den Bunds=Ständen, so bald ich vor
der Herberig absäß, sollt man mich den nechsten nehmen
und in Thurn werffen, und. merckt als viel von Jhro
Gnaden, daß sie solches von Herrn Tillmann von Premen,
wie ich dann nicht anderst achten kunt, verstanden hetten,
doch weiß ich es nit für wahr, dann ich solches nit eben
von Jhr Gnaden verstanden, so hab ich auch nit wöllen
fragen, und lag solcher Herr Tillmann, wie gemeldt, in
meiner Herberig, und wie mir der gute fromme Graf sagt,
also gieng mirs auch, allein daß ich oben druff und nit
unten in Thurn kam, da lag ich 2. Jahr, und must das
Mein verzehren, das mir lange Zeit sauer worden war,
und bin darnach von des Herzogs von Würtemberg wegen,
vierthalb Jahr zu Heilbronn gefangen gelegen, habe das
Meine daselbst auch verzehrt, und ihnen Geld darzu geben
müssen, das sind schon 5 1/2. Jahr, darinnen ich gefänglich
enthalten worden, darnach wie Kayserliche Majestät mich
in Jhro Kayserliche Majestät Schutz, Schirm und Glaibt
aufgenommen, und in solchem Glaibt=Brief mir zu gut
angezeigt, daß Jhro Kayserl. Majestät mich wolten in
Ungarn brauchen, habe ich mich 16. Jahr in meiner Be=
haussung behalten, und bin nit aus meiner Marck kommen,
und habe mich anderst nit, dann wie ich verpflicht gewest,

gehalten, wie ich bey der Göttlichen Wahrheit sagen darff, und als ich einmal ufm Weydwerck geweſt, uf ein Wieſen-Plätzlein kommen, und der Marckung, ſo mir in der Verſchreibung beſtimmt geweſen, nit in Acht genommen, bin ich gleich darob erſchrocken, und dacht ich, ich were aus der Marckung, aber die Verſchreibung ſtund ſo weit mein Marckung Zinnß und Gült reicht, da erfuhr ich alsbald bey meinen Verwandten, daß mir daß Wießlein ein Sommerhanen zu Zinnß gab, und wurd frohe und wol zu frieden, daß ich nit aus der Marckung geſchritten, wie wol es ungefehrlicher Weiß geſchehen war, aus dem allen kunten alle Ständ, Chur-Fürſten, Grafen, Freyherrn, Ritter und Knecht, hoch oder niedern Stands, wol und leicht erachten, was mein Sinn und Gemüth allweg geweſt, und auch wiſſentlich iſt, daß ich viel Chur- und Fürſten, auch meines gleichen, auch andere hoch und niedern Stands, und ſchier vom Höchſten biß zum Niederſten ohne alle Beſoldung aus freyem Willen, mein Leib und Leben, Blut und Gut, in ihren Händeln und Kriegen, in Gefährlichkeit begeben, und darob auch groſſe Noth erlitten, dabey ich es jezt, zumal ſo viel dieſen Articul berührt, auch beruhen und bleiben laſſen will.

§. III.

Und daß noch mehr iſt, ſo bin ich 2. Jahr in der Gefängnus zu Augſpurg gelegen, wie dann oben genugſam davon gemeldt, wie ich mich gehalten, über das ich von hohen und niedern Ständen aus treuer Meynung bin gewarnet worden, noch dannoch hab ich mich meiner Sachen ſo frey gewuſt, daß ich kein Recht oder Billigkeit geſcheucht, und meiner Pflichten nach ohnangeſehen der groſſen Gefährlichkeit und Warnung halben ſo mir beſchehen, mich gen Augſpurg geſtellt, und als mich die Bündiſchen Räth etlichmal angeredt haben der Bäuriſchen Ufruhr halb, da hab ich ihnen frey zu erkennen geben, ich wuſt mich ſolches mit GOTT und den Rechten wol zu verantworten, und ſie darauf gebetten, der Bund ſolle ein Schreiber zu mir abfertigen, wolle ich ufzeichnen laſſen, wie die Sachen

beschaffen sey, daß ich zu GOTT verhofft, der Bund soll ein
Gefallen daran haben, das haben sie gethan, und einen
feinen Mann, der freylich zu Augspurg daheim gewest, zu
mir geschickt, da habe ich, wie die Sachen beschaffen, mit
meiner eigenen Hand ufgeschrieben, daß es der Schreiber
wieder abschreiben solt, und dem Bund überantworten, und
über eine lange Zeit darnach, so kommen etliche Bunds=
Räth zu mir in mein Gefängnus, und zeigten mir wieder
etliche Articul von dem Bund an, das dann meinem
Schreiben und Verzeichnus ganz zu wider war, daß es
mir im Herzen wehe thet, dieweil sie meinem wahrhafften
Schreiben nit statt oder Glauben geben wolten, und sagt
aus lauterm Zorn und Unmuth mit weinenden Augen,
wer mir anders zumeß, dann wie in meinem Schreiben
und Verzeichnus, so ich dem Löbl. Bund zugeschickt, ge=
melbt wäre, der thet mir Gewalt und Unrecht, und leugt
auf mich als ein Ehrendiebischer Bössewicht, er sey wer
er wöll, das will ich mit der GOttes Hülff barthun, als
einem frommen ehrlichen von Abel gebührt, und daß noch
mehr ist, da ich aus der Gefängnus kommen bin, so habe
ich müssen globen und schwöhren, dem Bischoff von Maynz
und Bischoff von Würzburg des Rechten zu seyn, wie ich
dann gethan hab, in derselben Rechtfertigung schrieb mir
ein guter Freund, Wolff von Freyburg, deren von Aug=
spurg Hauptmann, der mein Sach warlich treulich und
gut hat gemeint, ist auch offtmals bey mir in meiner
Gefängnus ob dem Thurn gewest, und sich aus Mitleiden,
als ein frommer von Abel, alles Guts gegen mir erzeigt,
und nit anderst gespührt, dann er ein groß Mitleiden mit
mir hat, und als ich mit dem Bischoff von Maynz zu
Augspurg vor dem Bund in Rechtfertigung stund, da het
er und vielleicht andere mehr, mit den Maynzischen Bund=
Räthen meinethalben geredt und gehandelt, dieselbig sein
Meinung und Handlung, die schrieb er mir herab in mein
Behaussung, wie sein und andere Abred mit den Maynzi=
schen gewest were, und daß er verhofft, es wäre um ein
geringes zu thun, um ein 1000. fl. mehr oder weniger
ungefehrlich, und war sein getreuer Rath, ich solte solches
bedencken und nit abschlagen, dann er wolt alle die Bunds=

Räth, die da faſſen, und mein Sach gut und treulich
gemeinten, mit einem Pfenning weck ſpeiſen, da ſchrieb ich
ihme wieder uf friſchem Fuß, ich wuſt mich meiner Sachen
oder Bäuriſchen Ufruhr halben frey und gerecht, und
wann ich den wenigſten Heller in meiner Stuben ſind,
der je uf Erbreich kommen were, ſo wolt ich ihne nit geben,
ſondern wolt ſehen, was recht were, darauß aber ein jeg=
lich Verſtändiger gar leicht kan abnehmen, wie unſchuldig
ich in dieſen Laſt und Gefährlichkeit kommen bin, daruf
die Bunds=Räth beſchloſſen, und 5. Räthen befohlen haben,
das Urthel meinethalben zu beſchlieſſen und auszuſprechen,
das iſt nun geſchehen, darbey es noch bleibet und ſtehet 2c.
Und habe ich der Zeit nit gewuſt, wer die 5. Räth und
Urthelſprecher geweſt ſeyn, dann was ich darnach erfahren,
wie das Urthel heraus kommen, und ich glaub, wann ich
gewuſt, daß die 5. das Urthel ausſprechen ſolten, were es
mir etlich Urſach halben hochbeſchwerlich geweſen, allein
ein Edelmann iſt unter ihnen geweſt, den kannt ich, der
hette nit mehr, als ein Aug, und iſt ein Marſchalck von
Pappenheim geweſt, den hette ich als ein Edelmann un=
verdächtlich geacht, aber die andern zum theil wären mir
verdächtig genug geweſen, aus Urſachen, daß die Geiſtliche
nit meines Glaubens waren, und ich mit denenſelben
Fürſten in vielen Vehden und Handlungen geſtanden, und
derſelbigen Richtern einen ſeines Herrn halben in Vehden
niedergeworffen, und etliche Zeit gefangen gehabt hette,
welchen ich doch als ein Bidermann allweg in ſeiner Ge=
ſängnuß geſpührt, und bin ſeithero nie zu ihm kommen,
aber zuvor, es ſehe uf Bunds=Tägen oder ſonſt geweſen,
iſt er allwegen zu mir gangen, und hat mir die Hand ge=
botten, ich hab ihn aber auch in ſeiner Gefängnuß, ſo
viel an mir und müglich geweſt, gehalten, als wie dann
ein frommer von Adel einen gefangenen Bidermann billig
halten ſoll, wie er dann ohne Zweiffel, ſo er noch im
Leben, ſagen wird, an den andern 3. Richtern, als Abten
oder Prälaten, wer ſie ſeyn, hette ich auch kein Mangel
gehabt, allein der Sect halben, daß wir nit eines Glaubens
ſeyn, wuſt ich wol, daß ich nit viel Gunſt oder Gnad bey
etlich geiſtlichen und weltlichen Fürſten des Glaubens

7*

halber hett, aber sie haben sich wol gehalten, und ohne allen Zweiffel gethan, als wie fromme Herrn und Richter billig thun sollen, will sie auch in dem ungetadelt haben, sondern ihnen alles Guts thun, so viel an mir ist, bey dem allen will ich es lassen bleiben.

§. IV.

Und beschließlich zeig ich das alles darum an, daß ein jeder aus diesem meinem Schreiben ohne Zweiffel abnehmen und erachten kan, wie unbillig und unschuldig ich in berührter Gefängnus und schweren Last kommen bin, ich hette auch keinen Zweiffel, wo der Schwäbische Bund nicht zertrennet wäre worden, ich wolt meiner Verschreibung halben mir und meinen Erben zu gutem eine Erleichterung von ihnen erlangt haben, wie ich dann solches meinen Freunden in meiner Gefängnus angezeigt habe, daß sie nicht erschrecken sollen, dann ich scheue kein Recht, ich woll mein Sach und Unschuld mit der Zeit dem Löbl. Bund dermassen weiter zu erkennen geben, daß ich ohne Zweiffel seye, sie werden mir solche schwere Urpheb erleichtern und sich gnädiglich gegen mir als einem rittermässigen von Adel beweisen, daß ich auch kein Zweiffel hett gehabt, wo der Bund, wie gemeldt ist, nit wäre zertrennet worden.

Dieweil dann nun wissentlich wahr, daß ich der Bäurischen Uffruhr unschuldig gewest bin, auch die Maynzischen Räth und Amt-Leuth, die mir solches Spiel zugericht, wie dann ich selbs von ihme verstanden, mich geheissen, und von ihres Herrn wegen gebetten, so habe ich auch mich in denselbigen dermassen gehalten, daß Chur- und Fürsten und allen denen von Adel meine Handlung zu allem Guten gereicht, darum ich billiger Lob, Ehr und Danck solte verdienet haben, dann die Straff, und ich um derselbigen willen alle Tag mein Kopff, Leib und Leben von hohen und niedern Ständen wegen in die Schanz geben müssen, wie dann hievor in meiner Verantwortung offt gemeldt, so wär schier zu vermuthen, daß in dieser meiner Vehd und Krieg, so ich gegen etlichen

Ständen im Bund gehabt, die dann all gericht und ver=
tragen geweſt, mehr müſſen entgelten, dann der Bauren
halben, ich habe mich der Bäuriſchen Uffruhr halben klärlich
und genugſam verantwort, das alles ich GOtt dem All=
mächtigen in ſein gewaltige, ewige, allmächtige Hand allwegen
befohlen und noch befohlen haben will.

Pars III.
Folgen nun weiter etliche Reuther=
Stuck auſſerhalb den Vehden.

§. I.

ERſtlich kurz nach der Rothenburgiſchen Handlung, da
habe ich aber einen Handel gehabt, dann Herr
Melchior Süzel ſeel. der ſchrieb mir gen Jagſthauſſen,
als ich eben ungeſehrlich dahin kommen war, und bat
mich, ich ſolt eilend zu ihme kommen gen Balbach, und
gemeint er, wie ich doch nit anderſt gewuſt, mein Sach
treulich und gut, und da ich dahin kam, hette er viel
Geſindes im Hauß, die er vielleicht auch beworben hett,
welche zu mir kamen und zeigten mir an, was die Mey=
nung wäre, und warum mir Herr Melchior Süzel
ſeel. geſchrieben hett, und ſagten, wie der Landgraf von
Leuchtenberg ihme den andern Tag zuvor einen Knecht
uf dem Weydwerck niedergeworffen hett, da er vermeint,
das Jagen ſein were, und hette wieder ein Anſchlag für
ihne, daß er müſt, wo der Landgraf den andern Tag
auch jagen würd, da wolte er ſich an ihme rechen, und
wolte auch dargegen handlen, da ſagt ich, als der jüngſt
unter ihnen, wie wann der Verräther, den ihr habt, uns
alsbald verrieth als jene, und wie es mich ant, ſo giengs
auch, wir waren frühe zu Balbach heraus, und gab ich
einem Knecht, der hieß Dalle, zwey Buben zu, einer war
Göz von Thüngens, und der andere mein, und befahl
ihme, daß er ſolt die Buben zu ihm nehmen, die Augen
ufthun, und die Hölzer und alle Ding wol beſehen, auf

daß wir nit die Händ in die Kohlen schlügen, und er
und die Buben wurden keines Reuters gewahr, und ließ
ich Göz von Thüngen bey den Reutern, und zog ich dem
Dallen und den Buben zu, und wolt acht haben, ob
irgend Reuter hielten, damit ich solches Gözen von
Thüngen und seinem Häufflein kunt zu verstehen geben,
daß wir dannoch sehen, wie wir von ihnen kämen, aber
der Dalle und die Buben übersahen die Reuter, und
wurden, wie vorgemeldt, keines gewahr; so zeucht Hannß
von Wald, ein Allezheimer, auch neben mir uf der rechten
Seiten ein guts Weglein von mir, da kommt einer an
ihn mit einem Spieß, und fiel er vom Gaul herab, ehe
der bey einer halben Acker-Läng zu ihme kam, und kam
auch einer an mich, da hett ich nit Sorg, besorgt mich
auch nit vor ihme, dann ich war zimlich beritten, und
war schon fast ins Holz kommen, und hett mich derselbig
auch schier an einem Busch herab gerennt, aber ich erhielt
mich, und ehe ich mich wieder eingerapelt in Sattel, da
war wieder einer an mir, und stach mich herab, daß ich
ihn nit sahe, ich dem nechsten uf, und den Scheffelein zu,
also daß er mir nichts weiter angewinnen kunt, dann er
war auch vom Spieß kommen, und kam zum Wehr, daß
ich mich sein wol betragen und erwehren mocht, da kommt
aber Herr Georg Truchseß von Am mit des Landgrafen
Reutern auch, und war ich schon am Holz dran, und
meint ich wolt hinein springen, daß ich irgend ein Vor=
theil mögte haben, aber es kam noch ein Knecht an mich,
ehe ich ins Holz kam, welcher den Spieß hett eingeworffen,
und wie mich der hievor vom Gaul gestochen, also rannt
mich dieser mit dem Spieß zu Fuß um, da war Herr
Georg Truchseß auch gleich mit seinen Reutern da, und
sagt, Schwager Göz, bistus, antwort ich ja, da sagt er,
du wirst des Landgrafen und mein Gefangener seyn, wie
ich dann thun muß, und zog als ein gefangener Mann
hinein gen Balbach, wie wol mir Herr Georg Truchseß
nit anderst sagt, dann da solt ich des Landgrafen und
sein Gefangener seyn, und zeigt mir nit an, wo ich mich
stellen, oder wie ich mich halten, oder wo ich der Mahnung
gewarten solt, und da ich gen Balbach kam, da war

Hannß von Wald auch da gefangen, und hett keinen
andern Bescheid, wie ich, da sagt ich zu ihm, wir seyn
junge Gesellen, es ist einem bald ein Schellen angehengt,
wir wollen ihm also thun, und wollen Morgen auf das
Frühest für das Schloß Lauda rucken, und ein zu Georg
Truchseß hinein schicken, und ihme anzeigen lassen, wir
wären junge Gesellen und in seiner Hand, er hett uns
niedergeworffen und gefangen; Nun hetten wir kein Bescheid, wie wir uns halten solten, so wolten wir uns als
fromme junge redliche Gesellen von Abel auch gern halten,
daß wir ohn Nachred wären, dieweil wir auch in Unguten
nichts mit ihme oder dem Landgrafen ꝛc. zu thun hetten,
betten wir ihne darauf freundlich, er solte uns ledig geben,
oder einen guten Bescheid wiederfahren lassen, wie wir
uns halten solten, da beschiedt er uns den andern Tag
gen Boxberg, allda wolte er zu uns kommen, und uns
guten Bescheid geben, wie er auch thet, und da er nun
zu uns kam, da handelt er nichts mit uns, sondern gab
uns frey ledig, ohne alle Urpheb, und hielt sich auch
darnach dermassen gegen mir, daß er mir ein grossen
vertreulichen Dienst thet, als mir kaum ein Freund gethan
het, und ist auch seithero mein guter Freund und Herr
gewest und geblieben, und dieweil ich je im Handel bin,
so habe ich des Articuls auch nit vergessen wöllen, wiewol ich darob geschlagen, gefangen und herab gestochen
bin worden.

§. 11.

Zum andern, nach dem allen hat mir Franciscus von
Sickingen, mein Schwager, uf ein Zeit gen Meck-
mühlen geschrieben, zu ihme gen Eberberg zu kommen,
als ich auch gethan hab, und nahme meinen Weg von
Meckmühlen gen Heydelberg, und het ein böß heimlich
Leiden bey mir, daß mir nit wol war, und ließ mein
Harnisch zum theil auch Schurz und Ermel, und was es
dann war, zu Heydelberg zum Hecht liegen, und war des
Morgens am Allerheiligen-Abend frühe uf, und aß oder
tranck nichts, dann mein Gewonheit war, wann ein Fast-

Tag war, so aß ich einen ganzen Tag nichts biß Nachts,
und wie ich den Rhein zu gen Pfedersheim ziehen will,
muſt ich also hart neben dem Thor herziehen, und iſt
ein tiefer holer Weg da hinab, also daß man einander
nit ſehen könn, wie ich nun die Höle uf Allezen zu ziehe,
und mich keiner Reuterey verſehen thue, auch dahin nicht
gedacht, dann es war mir als wehe, daß ich eben mehr
geweint als gefochten haben wolt, und wie wir für den
hohlen Weg hinaus kamen, da ſengts an, und wird eben,
und lagen etliche Weingarten, und ein Flührle da mit
Frucht, wie man dann geſäet hat ein im Herbſt, und
hette ich einen Buben bey mir und meinen Knecht, Kitzen,
welcher der Feind gewahr wird, und ruckt zu mir und
ſpricht, Juncker! es jagen uns Leuth nach, da ſagt ich,
wir wollen ein wenig fortrucken, und irgend ein Vortheil
einnehmen, daß ſie uns nit ſo flux übereilen, wie wir
auch thäten, dann ich gedacht, es wäre irgend ein Pfalz=
gräfiſcher Rath, und wie wir alſo am Vortheil einhielten,
da rannten ihr zwey uf uns daher, als wolten ſie uns
freſſen, aber wir forchten uns vor ihnen nicht, ſondern
hetten Sorg, Herr Unrulus käme hernach, die Höle heruf,
und hetten immer acht uf die Höle, ob ihr mehr kämen,
da wir ſahen, daß nit mehr kämen, da ruckten wir zu
ihnen, und gewahnen ihnen Beſcheid ab, wer ſie wären,
und wie wir bey einander hielten, uf einem ebenen Ecker=
lein, fragt ich Kizen, wie ſie ſich genennt hetten, dann
ich hets vergeſſen, ſagt er, er wuſts auch nit, da ſagte
ich, nun wollen wirs warlich wiſſen, und zu ihnen zu,
ich an den Alten, und mein Kiz an den Jungen, ſein
Sohn, und jagt ich dem Alten ein Arm=Bruſt im Rennen
ab, und bracht ihn in der Flucht dahin, daß er mir ſagen
muſt, wer er were, da nannt er ſich Rudolph von Schwal=
bach, und jagt ich ihn wieder die Höle hinein, ſo jagt
Kiz ſein Sohn in die Weingarten hinein, und ſchoß der
junge Schwalbach Kizen ſein Gaul durch ein Ohr, ſo
ſchuß Kiz jenen durch einen Arß=Backen, und hett ich das
Scheffelein nit abgeſtoſſen, daß es nit gebrochen wäre, ſo
wäre es dem alten Schwalbach nit gut geweſt, aus der
Urſachen, es war ein ſtarkes Scheffelein, alſo daß ich

ein groffen Vortheil der Wehr halben gegen ihm hett,
wann es zu weiterer Handlung were kommen, aber ich
muſt mich des Schwerds darnach behelffen, und gieng
mir, GOTT ſeye gelobt, glücklich gnug, und ich ſagt zu
Kizen, Blau! wir wollen die Wahlſtatt noch ein Weil
innbehalten, ob ſie irgend wieder kämen, ſo wolten wir
noch einmal aneinander, und hielten wir wol eine halb
Stund auf der Wahlſtatt, aber ſie kamen nit, und bieweil
wir einander alſo uf der Wahlſtatt herum jagten, da ſchrieen
die Bauren in den Weingarten, derer dann viel waren,
immer Juch, je jene, je jene, geht end, geht end, in Summa,
ich nahm das Arm=Bruſt mit, und führet es gen Ehren=
berg, und ſagt meinem Schwagern Franciſcus, wie es
mir mit einem gangen wäre, und wie er hieß, und daß
ich hett ein Arm=Bruſt, das were ſein geweſt, da ſagt er
blau! nun iſts der? Er iſt mein Diener, ich will den
Krieg richten, da gab ich ihm das Arm=Bruſt, und ſagt,
der Krieg iſt bald gericht, er ſolt mein mächtig ſeyn, ſolt
ihme das Arm=Bruſt wieder geben, ſeithero habe ich
derſelben keinen mehr geſehen, HErr GOtt, ich war von
Fechtens wegen nit da, dann es war mir wehe, und war
unmuthig, darzu ſo wolt mich auch der erſt plagen, das
bracht auch den Haber ꝛc.

§. III.

UNd nachdeme auch Kayſerl. Majeſtät mich verſchiener
Jahren auf Fürbitt Chur= und Fürſten, und anderer
meiner Herrn und Freund, aus meiner Verhafft in
meinem Hauß, da ich dann, wie ich hievor auch gemeldt
hab, etliche Jahr verhafft geweſen, und mich Jhro Maje=
ſtät in Dero Schirm und Glaids=Brief ſelbs berühmt,
daß ich mich 16. Jahr meiner Urpheb nach ehrlich und
wohl gehalten, haben mir die Hauptleuth darauf geſchrieben
100. Pferd aufzubringen, und ehedann in 14. Tagen, mit
auf zu ſeyn, und nach dem ich zur ſelbigen Zeit weder
Knecht noch Pferd het, ſondern meiner Gefängnus und
Urpheb gewartet, ſo ſchrieb ich ihnen doch wieder, daß
ich kein Summa benennen könnt, aus Urſachen, daß ich

Sorg het, ich könnt nit Reuter ufbringen, aber ich wolt
doch so viel mir möglich kein Fleiß spahren und bey
ihnen erscheinen, was ich mögte aufbringen, da bracht ich
dennoch in kurzer Zeit etlich 100. Pferd zusammen, und
zog mit ihnen an die Ort, da ich hin beschieden worden,
und kommen etliche meinen Freunden Brief zu, die gleich
mir, in Fußstapffen zu Gefallen mit ritten, das hab ich
für treulich ehrlich und wol von ihnen verstanden und
vermerckt; In Summa, ehe wir in Oesterreich kommen,
da war der groß Hauff zu Pest von denen Türcken
geschlagen, und flohen etliche derjenigen, die dabey sind
gewesen, das Land gegen uns herauf, und stiessen auf
uns ins Land Bayern; Nun zogen wir nichts besto
weniger fort, und legten uns um Wien herum in etliche
Flecken, da lagen wir ein Monath oder schier 2. weiß es
doch nit eigentlich, dann es ist mir aus der Gedächtnus
kommen, da war der Winter da, daß man uns erlaubet,
und befohlen ward, abzuziehen, und die gröste Abendtheuer,
die ich und mein Hauff bestanden, das ist der gewest,
daß es im Land Bayern biß in Oestereich feindlich starb,
und kam der Sterb unter meinem Hauffen auch, und
sturben etlich Edel und Unedel, das ist die Abendtheuer,
die ich in dem Krieg bestanden hab, darnach zog ich mit
meinem Hauffen durch das Land Böheim hieraus auf
Neumarck herein, und zog folgends ein jeglicher wieder,
wo er hingehöret.

§. IV.

DArnach da man 1544. geschrieben hat, da war ein
Reichs-Tag zu Speyer, und zog Kayserl. Majest.
in Frandreich, und etlich viel Ständt mit einem grossen
Hauffen, und zogen hinein auf St. Desier, bey denen ich
auch gewesen, und lagen wohl ein Monat oder zwey,
und ob man wol ernstlich schoß Tag und Nacht, und
darnach stürmt, so wehrten sich doch die zu St. Desier, so
lang und viel, biß daß sie zuletzt Hungers und anderer
Nothdurfft als Pulver halben und dergleichen nit wol
länger kunten bleiben, aber sie wehrten sich ritterlich ehe

sie die Stadt uffgaben, doch gaben sie es letzlich dergestalt uff, daß man sie ließ mit Leib, Haab und Guth als Kriegs-Leuth abziehen, darnach zogen wir in Franckreich und huben an und brandten alles das uns im Weg lag, da fieng der Winter an und gieng daher, und wie Kayserl. Majest. anfieng zu brennen, das war darvor mein Meynung, ehe wir anzogen, aus der Ursachen, daß ich zu etlichen sagt, soll Kayserl. Majest. für mehr Städt oder Flecken ziehen, als wie man dann davon sagt, so wehren sie sich, wie wir dann jetzt gesehen haben, so ist der Winter da, und haben wir nichts ausgericht, und wird grossen Kosten, Mühe und Arbeit, und darzu Leuth kosten, und müssen mit grossem Nachtheil und Schaden wieder abziehen, solches sagt ich zu einem, der war ein grosser und ansehnlicher starcker Kriegs-Mann, der auch nit unverständig, nit weiß ich, ob er noch lebt oder nicht, den kannt ich, weiß aber nit wie er geheissen, dann es ist mir vergessen, will aber doch Ursachen anzeigen, daß man wol weiß, wer er gewest seye, er war Kayserl. Majest. der jetzund Kayser ist Ferdinandus Diener, und war Ihro Kayserliche Majest. der Reuter, die man Hatschier nennet, Hauptmann, aber dazu-mal in Franckreich, da wart er uff Maximilian hochgedacht jetziger Ihro Kayserl. Majest. Sohn, und nachdem wir einander wol kenneten, so hetten wir etwann viel Gespräch mit einander, und kamen auch also an die Redt, wie Kayserl. Majest. Willens wäre, für etliche Stadt und Flecken zu ziehen, einer sagt für Paris, der ander von einem andern Flecken, wie dann die Redt mancherley waren, darauf sagt ich zu ihme, wie vorgemeldt, soll Kayserl. Majest. für mehr Städt und Flecken ziehen, so wissen wir und habens gesehen, daß es harte Leuthe sind, und hart halten, und sich auch weiblich wehren, sollen wir nun für einen Flecken ziehen, so geht der Winter daher, und wo wir also schändlich musten abziehen, wäre Kosten, Mühe und Arbeit verlohren, und müsten darzu vielleicht mit grossem Schaden und Nachtheil abziehen, und hetten darzu den Spott zu Schaden, aber wenn ich Kayser Carl hieß, so deucht mich, ich wolt den Weg fürnehmen, und ein Ge-dächtnus hinder mir lassen, dermassen brennen, daß sie über 100. Jahr sagen müsten, Kayser Carl wäre da gewest, und würd auch die Sachen als der ehe zu einem Frieden kommen, wie ich nun gesagt hett, also gieng es auch, dann wie wir anzogen, fieng man an zu brennen, wie ich es im Sinn gehabt hett, nit weiß ich, wer es Jhro Kayserl. Majest. gerathen hett, oder ist vielleicht Jhro Majest. auch meines Sinnes gewest, und war selten ein Nacht oder zwo, die Französische Bottschaft kam zum Kayser in das Leger, und fielen Jhro Kayserl. Majest. zu Fuß, und baten um Frieden, wie dann auch auf die Letzt geschahe, und erlangt Kayserl. Majest. einen guten ehrlichen nutzlichen Frieden; und wie wir gen Camern kamen, da gab man allen Hauffen Urlaub, und ließ die abziehen, und gieng mir auch sehr übel für St. Desier, da stieß mich mit Urlaub und Gunst zu schreiben die Ruhr an, die währet biß in meine Behausung, das waren 9. Wochen, noch thet ich mein Harnisch, dieweil wir gegen den Feinden zogen, nit von mir, so lang und viel biß man den Frieden ausschriehe, allein daß ich nit mit dem Hauffen zoge, dann ich must mein Vortheil suchen, wie ich kunt, und die Nothdurfft in denen Kranckheiten erheischt, daß mancher guther junger Gesell sagt, der alte Kriegs-Mann, mich meinende, wird kaum ausreissen, noch rieß ich aus, und blieben dieselbige zum Theil dahinden.

§. V.

Und dieweil ich je so weit in die Handlung kommen bin, und viel gutherziger frommer redlicher Leuth vor etlich viel Jahren (die mir Ehren und Guts gegönnt haben, und noch gönnen, und auch vielleicht zum Theil gewust und gehört haben, wie ich mein Tag herbracht, und viel Abendtheuer und Gefährlichkeiten gegen meinen Feinden bestanden), mich angesprochen und gebetten, solche alle meine Handlung in Schrifften zu verfassen, hab ich ihnen solches nit gewust abzuschlagen, dann sie verhofften, es solte mir, meinen Erben und Nachkommen mehr zu Guthem dann zu Unguthem kommen und reichen, auch männiglich hohen und niedern Stands ein Wolgefallen

ſeyn, ſonderlich bey benenjenigen, ſo unpartheyiſch ſeynd,
nach den andern meinen Mißgönſtigen frag ich nit, die
ſich alſo unbilliger Weiß meinethalben unverſchuldt gegen
mir heimlich oder offentlich aus Neid und Haß wider mich
legen, und mich hin und wider bey ehrlichen Leuthen zu
verunglimffen unterſtehen und ſuchen, welches ich doch nit
um ſie verdienet habe, und will alſo hiemit alle ſolche
Articul, wie vor= und nachgemeldt, beſchlieſſen: dergeſtalten,
daß dieſer mein letzter Will und Anzeigung, der recht lauter
Grund und Wahrheit iſt, daß kein Articul oder einig Wort
darinnen begriffen, daß ich nit kunt oder wuſt zu erinnern,
daß es nit die recht grünbliche Wahrheit ſeye, und will
alſo hiemit mein Sachen zu GOTT ſetzen, der ſolle mein
Zeug ſeyn, hie uff dieſem Jammerthal und am jüngſten
Gericht, daß ich mein Lebenlang, es ſeye in Knaben weiß
oder in meinen männlichen Tagen, keinem Bibermann, er
ſeye, wer er wölle, Feind oder Freund dem ich wenig oder
viel, klein oder groß von meiner Jugend an, biß ins
Alter zugeſagt, welches nit die Wahrheit geweſen, oder
ihme nit Trauen und Glauben gehalten, oder daß ich auch
mein Tag an einigem Brief oder Sigill, es ſeye meiner
Gefängnus oder anders halben einigen Mangel gelaſſen,
oder daß ich mich auch nit als wie einen frommen ehrlichen
von Adel gebührt, gehalten haben ſolt, ich ſeye gleich gegen
Freunden oder Feinden gebraucht worden, das weiß ich
mich mit GOTT und der Wahrheit frey zu berühmen;
wiewol ich dannoch von hohen und niedern Ständen et=
wann gewarnet bin worden, mich wider mein Zuſagen
nit zu ſtellen, aber ich bin allwegen meinen Zuſagen, Glaub
und Pflichten, die ich gethan, nachkommen, und mich meinen
Feinden, deren viel im Schwäbiſchen Bund, Fürſten und
andere geweſen, ſo ich mit ihnen in Krieg und Vheden
geſtanden, gegen denen ich auch meiner Nothburfft nach
gehandelt, aber es iſt Gottlob alles vertragen, geſchlicht,
und gericht, ſo habe ich mich auch meinen Ehren und
Pflichten nach in ihre Händ geſtellt, wiewol ich keine Ver=
tröſtung gehabt, dann allein, daß ich meiner Sachen gerecht
bin geweſen, der Teuffel hätte ſich ſonſt alſo geſtellt, ſo
ſagten mir auch etliche der Fürnehmſten von Bund ſelbs,

ich hette thörlich gethan, daß ich mich also zu denen Leuthen
gestellt hett, denen ich viel Leibs gethan, und die mir also
gram und feind gewesen; Aber wie mich der fromme Graf
Georg von Wertheim 2c. mein gnädiger Herr warnet, also
gieng mirs auch, und ist solches alles die recht gründliche
Wahrheit, und weiß kein Wort bey der rechten Göttlichen
Wahrheit daran zu endern, will auch darauf sterben, und
so mir GOTT der Allmächtige Gnad gibt und verleiht,
in meinem lezten End, so ich von dieser Welt scheiden
soll, das hochwürdige Sacrament darauf empfangen, und
ob einer oder mehr mir anderst nachsagen wolt, dann wie
in diesem meinem Ausschreiben vor= und nachgemeldt, er
seye, wer er wöll, so thut er mir Gewalt und Unrecht 2c.

§. VI.

UNd zum Beschluß, kan und will ich auch nicht
verhalten, daß mir der Allmächtige GOTT Sieg
und Glück gegen all meinen Feinden von Jugend
auf, als einem armen Menschen, durch sein Göttliche Gnad
vielfältig geben und verliehen hat, und kommt mir mein
Unglück, darinn ich lange Zeit gewest, allein daher, wann
ich mit meinen Feinden und Widerwärtigen gehandelt, daß
ich ihnen vertraut hab, und vermeint ja solt ja seyn, und
nein solt nein seyn, und was man einander zugesagt, daß
man solches wie billig halten solt, darauf hab ich mich
verlassen, vertraut und gemeint, andere Leuth sollen thun,
wie ich mein Tag gethan hab, und (ob GOtt will,) noch
thun will, durch solche Ursachen und zu viel Vertrauen,
bin ich, wie gemeldt, in all mein Unglück kommen und
erwachsen, wann ich aber als ein Feind meinen Feinden
nit vertraut, wie dann nach Gelegenheit wohl beschehen
mag, ist es mir mit GOttes Gnad und Hülff glücklich und
wol gangen, anderst kan ich GOTT sey Lob nit sagen,
dann da hab ich gewust, wie ich mich gegen meinen Feinden
halten solt; GOTT der Allmächtige helff mir noch.

Das habe ich als ein alter erlebter betagter Mann
allen frommen, lieben und gottseeligen redlichen Menschen,

die seynd Kriegs-Leuth, oder sonst, hohen und niedern Stands, Kayserl. Majestät Chur- und Fürsten, Grafen, Freyherrn, Rittern und Knechten, Städten und andern, sie seyn in welchem Stand sie wöllen, Geistlichen und Weltlichen, die in Bheden und Kriegs-Läufften begriffen, als ein alter treuer von Adel, zu einer Warnung und Exempel aus treuem Herzen und Gemüth nit wollen verhalten. Und helff uns darauf GOTT, das Ewige Wort, dem armen Leib hie und der Seelen dort, behütt uns auch der Allmächtige GOTT vor dem Ewigen Todt, Amen!

Gottfried von Berlichingen
zu Hornberg.

Halle, Druck von Ehrhardt Karras.